保育内容「健康」

幼児期の教育と小学校教育をつなぐ

鈴木みゆき・望月文代
編著

ミネルヴァ書房

は じ め に

　令和 5 年度にこども基本法が施行され、こども家庭庁が発足しました。これまで様々な部署がそれぞれに取り組んできた子ども施策を、縦割り行政に横串をさし、子どもの様々な課題を扱う子ども政策の司令塔としての役割が期待されています。

　一方でこの数年、コロナ禍もあり、子どもや家庭、そして保育の場を取り巻く環境は大きく変わってきています。Society 5.0やDX（デジタルトランスフォーメーション）と呼ばれるネット環境、保護者や地域の労働環境や形態の変化に伴う子育ての困難さや貧富の格差の問題、多国籍の子ども達、アレルギー疾患をもつ子ども達、特別支援を必要とする子ども達……枚挙に暇がないほど子ども・子育てを取り巻く環境は著しく変化しています。

　こうした中、保育・幼児教育の果たす役割はますます重要になってきています。一人一人の子どもの心身の発達を支え、健やかな成長を促す日々の保育は、子どものみならず保護者や地域の人々の生活と健康を支える柱になっています。

　保育内容　「健康」は、子ども達の心と身体の健康に関する領域です。平成29年に改訂（改定）された、幼稚園教育要領、保育所保育指針、幼保連携型認定こども園教育・保育要領を踏まえ、健康な心と体を育て、自ら健康で安全な生活をつくり出す力を養うことが大きなねらいとなっています。

　そのためには愛情豊かな環境で安定した情緒を育み、自ら心と身体を動かしてのびのび遊ぶ保育の場での環境構成や関わりが重要です。家庭と園は生活の連続性をもっており、保護者と共に、子どもが基本的な生活習慣を身に付け、自立していけるような関わりが求められます。生活習慣の自立は生涯にわたる生活基盤・文化的基盤を支えるものであると共に、「架け橋期」と呼ばれる 5 歳児～小学校 1 年生の 2 年間の生活の基盤となります。

　今回、ミネルヴァ書房より領域「健康」の本を出版するにあたって、新たなテーマとなっている「幼小接続」「架け橋期」を意識し、同時にここ数年のコロナ禍で浮き彫りになった子ども達の課題にも触れるようにしました。

　領域「健康」を担う精鋭の先生方に執筆を依頼し、それぞれの専門を活かしながら、今後の保育・幼児教育を見据え、新しい視点で原稿を書いていただきました。書籍全体を俯瞰し、かつ厳密で繊細な指摘をたくさんしてくれたミネルヴァ書房の編集者、長田亜里沙さんには言葉で言い尽くせぬほどお世話になりました。

　新しい時代の領域「健康」のこの書籍が生まれたことに改めて深謝したいと思います。

2023年 7 月

編著者　鈴木みゆき

目　次

第 I 部

乳幼児期の発達と健康

─領域に関する専門的事項─

第1章

保育内容　領域「健康」の意義

「保育内容」は，子どもの発達を見て，「保育を組み立てる窓」のような存在です。5領域の最初にあげられる領域「健康」は，子ども達の健全な心と身体を育む最も基本で大切な視点です。本章では，その領域「健康」の法的根拠及び保育の中でのねらいや内容について学びます。

1．乳幼児期の教育と保育内容

　日本国憲法第25条において「すべて国民は，健康で文化的な最低限度の生活を営む権利を有する。」と規定され，健康は誰にとっても必要不可欠な権利であることが保証されています。一方教育基本法では，教育の目的として「心身ともに健康な国民の育成」が記されています。

> 日本国憲法　第25条
> 　すべて国民は，健康で文化的な最低限度の生活を営む権利を有する。
> ②国は，すべての生活部面について，社会福祉，社会保障及び公衆衛生の向上及び増進に努めなければならない。

> 教育基本法　第1条（教育の目的）
> 　教育は，人格の完成を目指し，平和で民主的な国家及び社会の形成者として必要な資質を備えた心身ともに健康な国民の育成を期して行われなければならない。

　すなわち，国民の権利である健康は，教育によって達成される目標でもあったのです。では幼児教育の場ではどのように捉えられているでしょうか。

　学校教育法には，幼稚園の目標として，以下の文章が記載されています。

> 学校教育法　第22条
> 　幼稚園は，義務教育及びその後の教育の基礎を培うものとして，幼児を保育し，幼児の健やかな成長のために適当な環境を与えて，その心身の発達を助長することを目的とする。

　第22条で，幼稚園は，義務教育及びその後の教育の基礎を培うものとして，「幼児の健やかな成長のために」あることが明記されています。

そして次の第23条の第1に，健康という文言があり，成長を支える基礎としての認識があることをうかがわせます。

> 学校教育法　第23条
> 　一　健康，安全で幸福な生活のために必要な基本的な習慣を養い，身体諸機能の調和的発達を図ること。

一方，保育所保育の基盤となる児童福祉法には，

> 児童福祉法　第1条
> 　全て児童は，児童の権利に関する条約の精神にのつとり，適切に養育されること，その生活を保障されること，愛され，保護されること，その心身の健やかな成長及び発達並びにその自立が図られることその他の福祉を等しく保障される権利を有する。

以上から，子ども達にとって心身の健やかな成長を保障されていくことがいかに重要か理解できます。子ども達の健やかな成長を支える場として，家庭はもちろんのこと，幼稚園・保育所・幼保連携型認定こども園等の教育施設（以下，教育施設）も重要な役割を果たしています。

教育施設内で子ども達の心身の成長を支えていく実践について深く学ぶことは，乳幼児期の教育・保育の基本といえます。同時に，家庭との生活の連続性と家庭に対する支援の在り方（子育ての支援・子育て支援）を学ぶことは地域や社会で子育てを支え，子育てを取り巻く課題について知る意味もあります。

領域「健康」は，子ども達の生活を支え，学びを支えていく心身の健やかな成長を学ぶ内容です。

2．幼児教育において育みたい資質・能力及び「幼児期の終わりまでに育ってほしい姿」

図1-1は平成29（2017）年に改訂された「育みたい資質・能力」と3つの視点と5領域，さらに「幼児期の終わりまでに育ってほしい10の姿」の関係を表したものです。資質・能力は高校までの教育課程を見通して提言された教育の目標であり，0歳児の3つの視点，1～5歳児の保育内容（子どもの発達を見る視点）は，それぞれの子どもの姿を見据えながら教育のねらいと内容を表したもので，このねらいと内容に基づいて幼児教育・保育をすることで3つの資質・能力が育っていくというものです。同時に，その教育の中で，徐々にこういう姿がみられるように

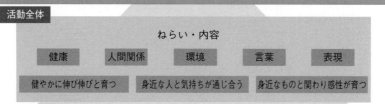

「３つの資質・能力」「３つの視点・５つの領域」「10の姿」の関係

幼児期の終わりまでに育ってほしい姿

健康な心と体　自立心　協同性　道徳性・規範意識の芽生え　社会生活との関わり
思考力の芽生え　自然との関わり・生命尊重数量や図形、標識や文字などへの関心・感覚
言葉による伝え合い　豊かな感性と表現

活動全体

ねらい・内容

| 健康 | 人間関係 | 環境 | 言葉 | 表現 |

健やかに伸び伸びと育つ　　身近な人と気持ちが通じ合う　　身近なものと関わり感性が育つ

育みたい資質・能力

○豊かな体験を通じて、感じたり、気付いたり、分かったり、できるようになったりする「知識及び技能の基礎」
○気付いたことや、できるようになったことなどを使い、考えたり、試したり、工夫したり、表現したりする
　　　　　　　　　　　　　　　　　　　　　　　　　　　「思考力、判断力、表現力等の基礎」
○心情、意欲、態度が育つ中で、よりよい生活を営もうとする「学びに向かう力、人間性等」

図1-1　乳幼児教育において育みたい資質能力

出所：筆者作成。

なっていくという方向を示したものが「10の姿」であって、「10の姿」になるために３つの資質・能力や５領域があるわけではありません。５領域のねらいや内容に基づいた幼児教育・保育の中で、５歳児の修了前にそうした姿がみられるようになっていき、それが次の段階である小学校に引き継がれていくべきものです。３・３・５・10という数字で表される今回の子どもの育ちについての提言は、学校種の接続、教育課程の接続を踏まえた上で、乳幼児期の育ちや教育・保育を展開していくキーワードといえるでしょう。

3. 「領域」とねらい・内容とは何か

　小学校や中学校、高等学校には、全国どの地域でも一定の教育を受けられるよう、学習指導要領があります。乳幼児期の保育をおこなう、幼稚園・保育所・幼保連携型認定こども園についても、保育の基本的な内容や保育に関する考え方を示した「幼稚園教育要領」「保育所保育指針」「幼保連携型認定こども園教育・保育要領」があります。これまでも、幼稚園教育要領と保育所保育指針等の教育・保育内容については整合性がとられてきましたが、平成29（2017）年の改訂（改定）において、幼稚園教育要領と保育所保育指針と幼保連携型認定こども園教育・保育要領の３歳以上児の保育について、「幼児教育」として共通化が図られま

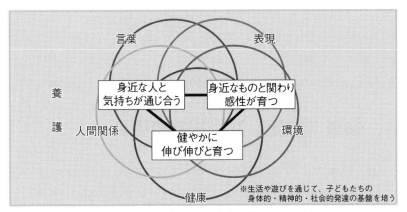

図1-2　0歳児の保育内容の記載イメージ

出所：厚生労働省，保育所保育指針の改定に関する議論のとりまとめ https://www.mhlw.
go.jp/file/05-Shingikai-12601000-Seisakutoukatsukan-Sanjikanshitsu_Shakaihoshoutantou/1_9.
pdf（2023年5月23日閲覧）。

表1-1　各要領・指針における「ねらい」と「内容」の記述

幼稚園教育要領　第2章	この章に示すねらいは，幼稚園教育において育みたい資質・能力を幼児の生活する姿から捉えたものであり，内容は，ねらいを達成するために指導する事項である。（中略） 　各領域に示すねらいは，幼稚園における生活の全体を通じ，幼児が様々な体験を積み重ねる中で相互に関連をもちながら次第に達成に向かうものであること，内容は，幼児が環境に関わって展開する具体的な活動を通して総合的に指導されるものであることに留意しなければならない。
保育所保育指針　第2章	この章に示す「ねらい」は，第1章の1の（2）に示された保育の目標をより具体化したものであり，子どもが保育所において，安定した生活を送り，充実した活動ができるように，保育を通じて育みたい資質・能力を，子どもの生活する姿から捉えたものである。また，「内容」は，「ねらい」を達成するために，子どもの生活やその状況に応じて保育士等が適切に行う事項と，保育士等が援助して子どもが環境に関わって経験する事項を示したものである。
幼保連携型認定こども園教育保育要領　第2章	この章に示すねらいは，幼保連携型認定こども園の教育及び保育において育みたい資質・能力を園児の生活する姿から捉えたものであり，内容は，ねらいを達成するために指導する事項である。

出所：厚生労働省『保育所保育指針』，文部科学省『幼稚園教育要領』，内閣府・文部科学省・
厚生労働省『幼保連携型認定こども園教育・保育要領』をもとに筆者作成。

した。さらに今回の改訂（改定）では，保育所保育指針と幼保連携型認定こども園教育・保育要領において，乳児保育と1歳以上3歳未満児の保育についても共通に記述され，3歳以上児とのつながりも明らかになりました。

　保育内容は，この時期の発達の特徴を踏まえ，乳児保育は3つの視点として，1歳以上3歳未満児と，3歳以上児は，5つの領域（健康・人間関係・環境・言葉・表現）として示されています（図1-2）。

　それぞれの領域は，「ねらい」・「内容」・「内容の取扱い」で構成されています。「ねらい」は，幼稚園教育要領，保育所保育指針，幼保連携

型認定こども園教育・保育要領の総則に挙げられている「育みたい資質・能力」を子どもが実際に生活する姿から捉えたものです。「内容」は「ねらい」を達成するために指導する事項であり（表1-1），「内容の取扱い」は，子どもの発達を踏まえた指導を行う際に留意すべき事項です。

4．領域「健康」が目指すもの

　領域「健康」は，心身の健康に関する領域です。幼稚園教育要領や保育所保育指針等の改訂（改定）によって新たになった，領域「健康」に関わる事項を見ていきましょう。

1　乳児保育「健やかに伸び伸びと育つ」のねらい及び内容

　保育所保育指針と幼保連携型認定こども園教育・保育要領では，乳児とは満1歳の誕生日までを指しています。乳児期は，発達が未分化の状態であるので，乳児期の保育内容は，「健やかに伸び伸びと育つ」「身近な人と気持ちが通じ合う」「身近なものと関わり感性が育つ」という3つの「視点」で構成されています。3つの視点のうち，「健やかに伸び伸びと育つ」には，「健康な心と体を育て，自ら健康で安全な生活をつくり出す力の基盤を培う。」とあるように，1歳以上児の領域「健康」につながる視点となっています。

　「健やかに伸び伸びと育つ」のねらい及び内容は，以下に示すように，身体感覚・運動・生活リズムに関わることが書かれています。

①身体感覚について

　乳児期は，お腹がすくなど自分の中で起きていることと外界との区別がつかない内外未分化の状態であり，その状態で人やモノと関わり，「自分」を獲得していきます。そのためには，保育者が子どもに対して応答的関わりをし，子どもが心地よさを感じることが必要です。

②運動機能の発達について

　5～6か月ぐらいになると，腹ばいから手の届くところにあるものをつかんだり，なめたりし始めます。そのあと，はいはい，つかまり立ち，伝い歩きとできるようになると，移動をしてものをつかんだり，なめたりします。子ども達の発達過程や興味・関心を踏まえ，十分に体を動かすことのできる空間を確保したり，おもちゃの種類や配置する場所の工夫をしたりし，自らの体を動かそうとする意欲を育てていきましょう。

表 1-2　保育所保育指針　乳児保育の「健やかに伸び伸びと育つ」

保育所保育指針　第 2 章　保育の内容
1　乳児保育に関わるねらい及び内容
（2）ねらい及び内容

ア　健やかに伸び伸びと育つ 健康な心と体を育て，自ら健康で安全な生活をつくり出す力の基盤を培う。
（ア）ねらい ①身体感覚が育ち，快適な環境に心地よさを感じる。 ②伸び伸びと体を動かし，はう，歩くなどの運動をしようとする。 ③食事，睡眠等の生活のリズムの感覚が芽生える。
（イ）内容 ①保育士等の愛情豊かな受容の下で，生理的・心理的欲求を満たし，心地よく生活をする。 ②一人一人の発育に応じて，はう，立つ，歩くなど，十分に体を動かす。 ③個人差に応じて授乳を行い，離乳を進めていく中で，様々な食品に少しずつ慣れ，食べることを楽しむ。 ④一人一人の生活のリズムに応じて，安全な環境の下で十分に午睡をする。 ⑤おむつ交換や衣服の着脱などを通じて，清潔になることの心地よさを感じる。
（ウ）内容の取扱い 　上記の取扱いに当たっては，次の事項に留意する必要がある。 ①心と体の健康は，相互に密接な関連があるものであることを踏まえ，温かい触れ合いの中で，心と体の発達を促すこと。特に，寝返り，お座り，はいはい，つかまり立ち，伝い歩きなど，発育に応じて，遊びの中で体を動かす機会を十分に確保し，自ら体を動かそうとする意欲が育つようにすること。 ②健康な心と体を育てるためには望ましい食習慣の形成が重要であることを踏まえ，離乳食が完了期へと徐々に移行する中で，様々な食品に慣れるようにするとともに，和やかな雰囲気の中で食べる喜びや楽しさを味わい，進んで食べようとする気持ちが育つようにすること。なお，食物アレルギーのある子どもへの対応については，嘱託医等の指示や協力の下に適切に対応すること。

　出所：厚生労働省『保育所保育指針』をもとに筆者作成。

③生活リズムの形成に関することについて

　生活リズムを形成していくには，食事，睡眠が一定のリズムであることが大切です。身体的成長を助長するためにも，それぞれの成長時期にあわせた食事・睡眠をとることが必要となります。また，生活リズムの形成には，保護者との連携も不可欠です。保護者にも生活リズムを形成していくことの大切さを伝え，家庭と園が協力して生活リズムが形成できるようにしましょう。

　表 1-2 の（イ）内容の文章に注目してみると，保育者が主語になっている部分と子どもが主語になっている部分があるという特徴があります。乳児期は保育者が愛情豊かに，応答的に保育を行います。子ども達の主体性を尊重することを忘れず，子ども達の欲求を満たし心地よく生活できるようにしましょう。

表 1-3．保育所保育指針の 1 歳以上 3 歳未満児と 3 歳以上児の領域「健康」の ねらい

保育所保育指針　第 2 章　保育の内容
2　1 歳以上 3 歳未満児の保育に関わるねらい及び内容
（2）ねらい及び内容

1 歳以上 3 歳未満児	3 歳以上児
ア　健康	ア　健康
健康な心と体を育て，自ら健康で安全な生活をつくり出す力を養う。	健康な心と体を育て，自ら健康で安全な生活をつくり出す力を養う。
（ア）ねらい	（ア）ねらい
①明るく伸び伸びと生活し，自分から体を動かすことを楽しむ。	①明るく伸び伸びと行動し，充実感を味わう。
②自分の体を十分に動かし，様々な動きをしようとする。	②自分の体を十分に動かし，進んで運動しようとする。
③健康，安全な生活に必要な習慣に気付き，自分でしてみようとする気持ちが育つ。	③健康，安全な生活に必要な習慣や態度を身に付け，見通しをもって行動する。

出所：厚生労働省『保育所保育指針』をもとに筆者作成。

2　1 歳以上 3 歳未満児と 3 歳以上児の保育におけるねらい及び内容

　表 1-3 を見てみましょう。「明るく伸び伸びと」は，子どもらしさを感じることが出来る表現といえるでしょう。明るく伸び伸びと過ごすことができるようになるには，園が子ども達にとって安心して遊ぶことができる居場所にならなければなりません。そのためには，保育者が愛情豊かに，応答的に保育を行い，子どもと保育者の間に信頼関係を築くことが必要です。そのうえで，保育者に見守られながら，主体的に遊びに関わり，楽しんだり，充実感を味わったりしながら生活ができるような心情を持つことがねらいとなります。

　子ども達は，1 歳前後で歩きはじめると，行動範囲を広げながら興味を持ったものに主体的に関わり，様々なことを学ぶようになります。体を使って遊ぶ経験は，身体諸機能の調和的な発達を促すだけでなく，心の育ちにも関係しています。自ら進んで体を十分に動かそうという意欲を育てることは主体性を育みます。そして，いろいろな活動の中で，身体を動かす心地よさを味わうことが大切です。

　子ども達は，保育者にやってもらっていた生活習慣を，保育者との関わりの中で，自分でやってみようとします。3 歳児以降では，今までの経験をいかし，集団生活のなかで，主体的に繰り返し経験することで身に付けていきます。基本的生活習慣を獲得することは，自立にもつながります。また，安全についても，保育者の模倣から始まり，日常の生活や遊びの中での危険への態度，災害時にどのような行動をとればよいのかを幼児なりに理解できるようになる態度を身に付けることが必要で

表 1 - 4　保育所保育指針の 1 歳以上 3 歳未満児と 3 歳以上児の領域「健康」の
　　　　　内容

視　点	1 歳以上 3 歳未満児 （イ）内容	3 歳以上児 （イ）内容
様々な活動に喜んで参加し, 自ら体を動かして活動することを喜ぶ子どもを育てるために。	①保育士等の愛情豊かな受容の下で, 安定感をもって生活をする。 ③走る, 跳ぶ, 登る, 押す, 引っ張るなど全身を使う遊びを楽しむ。	①保育士等や友達と触れ合い, 安定感をもって行動する。 ②いろいろな遊びの中で十分に体を動かす。 ③進んで戸外で遊ぶ。 ④様々な活動に親しみ, 楽しんで取り組む。
必要感をもって生活の習慣やリズムを身に付けていく子どもを育てるために。	④様々な食品や調理形態に慣れ, ゆったりとした雰囲気の中で食事や間食を楽しむ。 ②食事や午睡, 遊びと休息など, 保育所における生活のリズムが形成される。 ⑤身の回りを清潔に保つ心地よさを感じ, その習慣が少しずつ身に付く。 ⑥保育士等の助けを借りながら, 衣類の着脱を自分でしようとする。 ⑦便器での排泄に慣れ, 自分で排泄ができるようになる。	⑤保育士等や友達と食べることを楽しみ, 食べ物への興味や関心をもつ。 ⑥健康な生活のリズムを身に付ける。 ⑦身の回りを清潔にし, 衣服の着脱, 食事, 排泄などの生活に必要な活動を自分でする。 ⑧保育所における生活の仕方を知り, 自分たちで生活の場を整えながら見通しをもって行動する。
健康や安全な生活に自ら気付き, 進めることができる子どもを育てるために。		⑨自分の健康に関心をもち, 病気の予防などに必要な活動を進んで行う。 ⑩危険な場所, 危険な遊び方, 災害時などの行動の仕方が分かり, 安全に気を付けて行動する。

出所：厚生労働省『保育所保育指針』をもとに筆者作成。

す。健康や安全に関する習慣や態度は, 子ども達がなぜその習慣や態度が必要であるのかを理解し, できるようになることが, 見通しを持った生活を送ることにもつながります。

　次に, 表 1 - 4 のように, 内容は, 大きく 3 つの視点から構成されていると捉えることができます。

①様々な活動に喜んで参加し, 自ら体を動かして活動することを喜ぶ子どもを育てるために。

　子ども達は保育者との信頼関係のもと, 安定感を持って行動することができます。保育者が子ども達の心の拠り所となって, 園生活の中で自己発揮ができるようにしていくことが大切です。調和的な発達を促すことができるよう, 子ども達の発達段階をふまえたり, 子ども達の興味を

踏まえたりしながら，やってみたいなと思える物的環境を整えていくことが必要です。

　また，子ども達が戸外で遊ぶ経験が少なくなってきているといわれています。戸外で遊ぶことは，五感を通して感覚や知覚を得るだけでなく，自然に触れることで様々な刺激を受けることとなり，子ども達の興味関心へとつながります。子ども達が進んで戸外で遊ぶことができるようにしていくことが大切です。

②必要感をもって生活の習慣やリズムを身に付けていく子どもを育てるために。

　生活習慣を身に付けることは，自立を促します。生活習慣は，一朝一夕には身に付きませんが，子ども達の気持ちに寄り添いながら，温かく援助していきましょう。また，保育者は，子ども達を見守りながら，理由を伝えていることが多くあります。子ども達は，なぜ手を洗うのか，なぜ歯を磨くのか等，生活習慣の必要性を持って取り組むことが大切です。また，保育は集団生活であるので，友達の姿を真似たり，一緒に行ったりすることができます。そのような関係を育てていくことも大切です。さらに，生活習慣は，家庭との連携をはかりながら進めて行く必要があります。園での状況と家庭での状況を共有しながら，進めていきましょう。

③健康や安全な生活に自ら気付き，進めることができる子どもを育てるために。

　2020年に大流行した新型コロナウイルス感染症は，保育の現場にも大きな影響を及ぼしました。ウイルスという目に見えない敵と戦うために，子ども達もマスクの着用，それまで以上の手洗い・うがい，アルコールによる消毒，黙食，友達との距離をとることとなりました。子ども達は，新型コロナウイルス感染症がこわい病気であることを知り，感染しないようにどうしたら良いのかを理解したうえで，行動に移していました。

　子ども達には，日常の中で起こる病気やけが，健康診断等の機会をとらえて，命の大切さ，自分の身を守るためにどうしたら良いのかを伝えていき，その必要性を理解し主体的に行動できるように援助していく必要があります。

　安全に関しても，園生活の中で危険な遊び方や場所を具体的に理解し，状況に応じて安全な行動がとれるようになることが大切です。また，交通安全の習慣を身に付けること，災害時の避難の仕方，犯罪から身を守

る対処の仕方等も身に付けることが必要です。地域の特徴も踏まえ，地域との連携を図り，長期的な計画のもとで指導していきましょう。

　続いて，内容の取扱いには，子どもの発達を踏まえた指導を行う際に留意すべき事項が書かれています（表1‐5）。本書の第2章以降では，乳幼児期の幼児期の発達を踏まえ具体的にどのように保育を営んでいくのかということが書かれています。子どもの心身の健康に関する基礎知識や指導方法についてで学んでいきましょう。

　ここでは，平成29（2017）年に改訂（改定）された点を中心にキーワードになる点について説明します。

①「しなやかな心と体」

　しなやかな心と体とは，「いろいろな活動の場面で，幼児がその場に応じた適切な心の働きができることと，その場に応じた多彩な体の動きができることである」といえます。このような心と身体の発達を促すような援助が必要です。

②「多様な動きの経験」

　平成24（2012）年に示された幼児期運動指針を踏まえ，今回の改訂では「多様な動きを経験する中で，体の動きを調整するようにすること」という文言が加わりました。幼児期のふさわしい運動の在り方のひとつに，多様な動きが経験できるように様々な遊びを取り入れることが挙げられます。多様な動きは，様々な遊びの中でそして日常生活の中でも身に付くことを念頭におき，動きを引き出す環境を構成し，そのなかで子ども達が主体的に遊ぶことで，満足感や達成感を感じられるようにしましょう。

③「食育」

　食育基本法の制定（平成17（2005）年）により，前回の改訂で食育についての記載が盛り込まれました。今回の改訂では，さらに「食の大切さに気付き」という言葉が加えられました。食育の目標を踏まえ，食への興味・関心を高め，自ら進んで食べようとする気持ちが育つようにすることが大切です。

④「安全についての構え」

　平成20（2008）年改訂の幼稚園教育要領の第3章に書かれていた内容

表1-5　保育所保育指針の1歳以上3歳未満児と3歳以上児の領域「健康」の内容の取扱い

1歳以上3歳未満児	3歳以上児
（ウ）内容の取扱い 上記の取扱いに当たっては，次の事項に留意する必要がある。	（ウ）内容の取扱い 上記の取扱いに当たっては，次の事項に留意する必要がある。
①心と体の健康は，相互に密接な関連があるものであることを踏まえ，子どもの気持ちに配慮した温かい触れ合いの中で，心と体の発達を促すこと。特に，一人一人の発育に応じて，体を動かす機会を十分に確保し，自ら体を動かそうとする意欲が育つようにすること。	①心と体の健康は，相互に密接な関連があるものであることを踏まえ，子どもが保育士等や他の子どもとの温かい触れ合いの中で自己の存在感や充実感を味わうことなどを基盤として，しなやかな心と体の発達を促すこと。特に，十分に体を動かす気持ちよさを体験し，自ら体を動かそうとする意欲が育つようにすること。 ②様々な遊びの中で，子どもが興味や関心，能力に応じて全身を使って活動することにより，体を動かす楽しさを味わい，自分の体を大切にしようとする気持ちが育つようにすること。その際，多様な動きを経験する中で，体の動きを調整するようにすること。 ③自然の中で伸び伸びと体を動かして遊ぶことにより，体の諸機能の発達が促されることに留意し，子どもの興味や関心が戸外にも向くようにすること。その際，子どもの動線に配慮した園庭や遊具の配置などを工夫すること。
②健康な心と体を育てるためには望ましい食習慣の形成が重要であることを踏まえ，ゆったりとした雰囲気の中で食べる喜びや楽しさを味わい，進んで食べようとする気持ちが育つようにすること。なお，食物アレルギーのある子どもへの対応については，嘱託医等の指示や協力の下に適切に対応すること。	④健康な心と体を育てるためには食育を通じた望ましい食習慣の形成が大切であることを踏まえ，子どもの食生活の実情に配慮し，和やかな雰囲気の中で保育士等や他の子どもと食べる喜びや楽しさを味わったり，様々な食べ物への興味や関心をもったりするなどし，食の大切さに気付き，進んで食べようとする気持ちが育つようにすること。
③排泄の習慣については，一人一人の排尿間隔等を踏まえ，おむつが汚れていないときに便器に座らせるなどにより，少しずつ慣れさせるようにすること。 ④食事，排泄，睡眠，衣類の着脱，身の回りを清潔にすることなど，生活に必要な基本的な習慣については，一人一人の状態に応じ，落ち着いた雰囲気の中で行うようにし，子どもが自分でしようとする気持ちを尊重すること。また，基本的な生活習慣の形成に当たっては，家庭での生活経験に配慮し，家庭との適切な連携の下で行うようにすること。	⑤基本的な生活習慣の形成に当たっては，家庭での生活経験に配慮し，子どもの自立心を育て，子どもが他の子どもと関わりながら主体的な活動を展開する中で，生活に必要な習慣を身に付け，次第に見通しをもって行動できるようにすること。
	⑥安全に関する指導に当たっては，情緒の安定を図り，遊びを通して安全についての構えを身に付け，危険な場所や事物などが分かり，安全についての理解を深めるようにすること。また，交通安全の習慣を身に付けるようにするとともに，避難訓練などを通して，災害などの緊急時に適切な行動がとれるようにすること。

出所：厚生労働省『保育所保育指針』をもとに筆者作成。

が，「安全についての構えを身につけ」「避難訓練などを通して」という文言を加え，内容の取扱いとして付け加えられました。危険な場所はどこか，危ないことはどのようなことなのかを理解できるよう促し，危険察知能力を遊びのなかで身に付けられるようにしましょう。また，交通安全に関する指導や，災害時や緊急時に対応できるよう訓練を実施することも重要です。

5．架け橋期

　半成29年改訂（改定）において3法令（幼稚園教育要領・保育所保育指針・幼保連携型認定こども園教育・保育要領：以下3法令と記す）は，それぞれ「幼児期の終わりまでに育ってほしい姿」を明記し，小学校教育との円滑な接続を目指しました（図1-3）。小学校学習指導要領第1章　総則　第2教育課程の編成　4学校段階間の接続には以下のように書かれています。

> （1）幼児期の終わりまでに育ってほしい姿を踏まえた指導を工夫することにより，幼稚園教育要領等に基づく幼児期の教育を通して育まれた資質・能力を踏まえて教育活動を実施し，児童が主体的に自己を発揮しながら学びに向かうことが可能となるようにすること。
> 　また，低学年における教育全体において，例えば生活科において育成する自立し生活を豊かにしていくための資質・能力が，（中略）特に，小学校入学当初においては，幼児期において自発的な活動としての遊びを通して育まれてきたことが，各教科等における学習に円滑に接続されるよう，生活科を中心に，合科的・関連的な指導や弾力的な時間割の設定など，指導の工夫や指導計画の作成を行うこと。

　その後，令和3（2021）年1月に，中央教育審議会が「『令和の日本型学校教育』の構築を目指して」という答申を出し，Society5.0やデジタル化，予測困難な時代において，「個別最適な学び」と「協働的な学び」の重要性が示されました。[1]

　数年前から幼小の接続を図る重要性が認識され，「スタートカリキュラム」を作成し接続を図る自治体が増えてきていました。しかし，自治体による温度差もあり，また就学前の幼児教育施設である幼稚園・保育所・こども園も，研修等での連携が進まなかったり，幼児期教育アドバイザーに求められる役割が様々だったりと，なかなか円滑な接続に至っていません。

　そこで令和3年に，幼児教育と小学校教育の円滑な接続について専門

（1）「令和の日本型学校教育」の構築を目指して（答申）【概要】https://www.mext.go.jp/content/20210126-mxt_syoto02-000012321_1-4.pdf（2023年7月5日閲覧）。

図 1-3　幼稚園教育・保育所保育・幼保連携型認定こども園における教育と保育の整合性，小学校教育との円滑な接続に向けて（幼児期の教育と小学校教育の縦軸・横軸関係，イメージ図）

出所：湯川秀樹「子育ての支援に求められる幼児教育者（保育者）の専門性」2023年。

的な調査審議を行うため，初等中等教育分科会に「幼児教育と小学校教育の架け橋特別委員会」を設置し，議論を重ねています。

　そもそも架け橋期とはいつなのでしょうか？

　この特別委員会では，義務教育開始前後の5歳児から小学校1年生の2年間は，生涯にわたる学びや生活の基盤をつくるために重要な時期と位置付け，これを「架け橋期」と名付けています。子どもの成長を切れ目なく支え，その発達の段階を踏まえ，一人一人の多様性や0歳から18歳までの学びの連続性を念頭において教育内容を考えていくことが重要だといえます。そのためには，就学前の教育施設である幼稚園・保育所・こども園等はもちろんのこと，小学校や地域の各団体や大人たちが，立場の違いを越えて連携・協働すること，架け橋期にふさわしい主体的・対話的で深い学びの実現を図り，一人一人の多様性に配慮したうえで全ての子どもが学びや生活の基盤を育めるようにすることが大切だと思われます。

　特にICT化が進み，GIGAスクール構想も進む中，保育の場でも子ども達がタブレットを使ったり図鑑代わりに見入ったりする姿に出会うようになりました。直接的・具体的な体験を通して学びつつ，例えば虫の羽の模様などは機器を活用していく機会も増えていくでしょう。教材の

適材適所を見極めながら，令和の就学前教育及び小学校教育を考えていく必要があります。

＜参考文献＞

厚生労働省『保育所保育指針解説』フレーベル館，2018年。

内閣府・文部科学省・厚生労働省『幼保連携型認定こども園教育・保育要領解説』フレーベル館，2018年。

文部科学省『幼稚園教育要領解説』フレーベル館，2018年。

文部科学省「幼児期運動指針」https://www.mext.go.jp/a_menu/sports/undou-sisin/1319771.htm（2023年5月23日閲覧）。

第2章

乳幼児期の発育・発達と心身の健康

本章では，子どもの心身の健康の土台となる，身体の発育・発達および心の発達について，それらの背景となる生理学的および心理学的な理論にもとづき解説します。また，子どもの心身の健康に影響を及ぼしうる，発育・発達の現代的課題について論じます。

1．身体の発育・発達

本節では，身体の形態と機能の年齢変化を概観します。それぞれの年齢変化を発育と発達と表現します。また，思春期を経て，成人に達することを成熟とします。[(1)]

1　身体の発育

出生後のヒトの発育の経過は，他の霊長類とは明らかに異なります。その特徴は，生後約1年までは急激に発育し，その後，思春期に急激に上昇するまでは，ゆっくり発育するということです。これに関連して，ポルトマン（Portman, Adolf 1897-1982）は，ヒトの誕生時の状態は，他の哺乳類と比較して，1年の生理的早産であると述べています。[(2)]ゴリラなどの霊長類は，その誕生から「巣立つもの」すなわち「離巣性」を持っています。霊長類は，誕生後1日目から様々な運動をする能力があり，誕生するとすぐに手や足の強い握力で母親の毛皮にしがみつくことができます。それに対して，ヒトは生後1歳になって霊長類が生まれた時に実現していた発育・発達状態にやっとたどり着きます。いわゆる「巣立つ」ことができる状態になります。すなわち，1年の生理的早産というわけです。ヒトの乳児期の身長・体重は，1歳までは大変急激に増加し，その後の発育速度はひどく緩慢です。ポルトマンによると，ヒトの体重は1歳ごろまでは霊長類に比べて著しく重く，1歳を過ぎると霊長類に追い越されてしまいます。それとは対照的に，脳はかなり大きくなった状態で生まれてきます。生後の発育も急速で，シュトラッツ（Stratz, Carl Heinrich 1858-1924）は，身体各部位の大きさの年齢変化を，身長に対する相対値で示しています（図2-1）。[(3)]それによると，頭の大きさが新生児で4頭身，2歳で5頭身，6歳で6頭身，15歳で7頭身，23歳で8頭身となります。また，新生児では胴・腕・脚の長さの割合が

（1）高石昌弘・樋口満・小島武次『からだの発達』大修館書店，1981年，8-27頁。

（2）Portman, A.／高木正孝訳『人間はどこまで動物か』岩波書店，1961年，25-76頁。

（3）Stratz, C.H.／高山洋吉訳『人体の自然史』刀江書院，1971年，148-178頁。

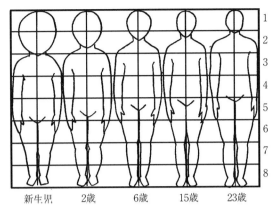

図2-1　身長に対する相対値で示した身体各部位の大きさの年齢変化
出所：Stratz, C. H.／高山洋吉訳『人体の自然史』刀江書院，1971年，p. 155, 第82図をもとに筆者作成。

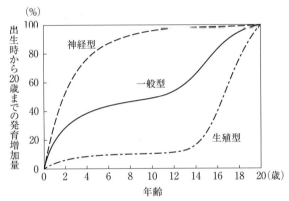

図2-2　スキャモンの臓器別発育曲線（リンパ型を除いて図示したもの）
出所：Tanner, J.M., *Foetus into Man*, Open Books, 1978, p.16, Fig. 6をもとに筆者作成。

同じであり，その後の発育では，脚＞腕＞胴の順に著しいという特徴が
あります。

　スキャモン（Scammon, Richard Everingham 1883-1952）は，臓器ごとの
重量をもとに発育曲線を示しました[4]。それは，一般型，神経型，生殖型，
およびリンパ型に分類されます。前の三つについて紹介します（図2-
2）。身長・体重や多くの内臓器官は，一般型に属します。一般型は，
出生後の急激な発育の後，しばらく緩やかな増加をたどり，思春期に再
び急激な発育を示します。一般型の発育と関連して，筋力や呼吸・循環
機能が発達します。神経型に属する組織の発育は，乳・幼児期に顕著に
みられ，およそ7歳までに95％になり，それ以後ゆっくりと発育し成人
の値に達します。神経型と関連して，神経の伝導速度は，生後1年でほ
ぼ成人の値に達します。生殖型の発育は，思春期を迎えると一般型以上

（4）Tanner J.M., *Foetus into Man*, Open Books, 1978, pp. 6-23.

に急激なスパートを見せます。これは，思春期をコントロールする内分泌系の発達に強く依存しています。

2　発育を調節するホルモン

内分泌系は，視床下部を統合中枢として，そこから発せられる情報をホルモンという化学物質に変換し，血液を介した運搬と標的細胞への作用を通じて，代謝や発育促進などの種々の生理作用を調節します。発育[5]促進に関わるホルモンには，成長ホルモン，甲状腺ホルモン，性ホルモンなどがあります。これがなくともある程度の発育は可能ですが，身体組織の完全で正常な発育は損なわれます。

これらのホルモンは，視床下部の弓状核などからの放出ホルモンや抑制ホルモンを介して，下垂体前葉の毛細血管に分泌されます。成長ホルモンは，血液を介して肝臓に至り，インスリン様成長因子を分泌し，骨・筋の成長とタンパク質同化作用を促進します。あるいは骨・筋に直接作用します。甲状腺刺激ホルモンは，甲状腺に至りサイロキシンを分泌し，筋・内臓の代謝を促進します。性ホルモンは，卵巣と精巣に至り，それぞれエストロゲンとアンドロゲンを分泌し，生殖器に作用します。アンドロゲンには，筋のタンパク質同化作用があります。これらのホルモンは，年齢によって，相対的重要性が異なります。成長ホルモンは発育期全般にわたって，甲状腺ホルモンは乳幼児期に，性ホルモンは思春期に大きく作用します。

3　筋力の発達

骨格筋は，多数の筋線維から成っており，筋線維の直径は$20\sim100\mu$mです。その長さは，数mmから数10cmのものまであります。筋線維の内部には，筋原線維が並行に走っています。筋線維は，その収縮特性から大きく2つのタイプに分けられます。ひとつは遅筋線維であり，発揮する力は小さく，その立ち上がりは遅く，疲労しにくいという特性があります。もうひとつは速筋線維であり，発揮する力は大きく，力の立ち上がりが急速で，疲労しやすいという特性があります。[6]

筋力は筋量に関係して増減します。筋量の増加の要因は，筋線維が太く長くなること，筋線維数が増えることなどです。筋線維数は，出生3か月前から出生後4か月までに約2倍になります。遅筋線維は受精後20〜30週で，速筋線維は受精後30週前後で出現し，出生時にはそれぞれ全筋線維数の約40％と45％を占めます。したがって，出生時に未分化の筋線維は約15％のみです。

（5）松村讓兒・多久和陽『カラー図解　人体の正常構造と機能──Ⅷ内分泌』改訂第2版，日本医事新報社，2012年，536-573頁。

（6）樋口満「第3章6骨格筋の発達と加齢変化」高石昌弘監修，樋口満・佐竹隆編著『からだの発達と加齢の科学』大修館書店，2012年，56-66頁。

筋力は筋断面積に依存し，発育期に急増します。男子の場合，筋断面積の増加は上・下肢ともに12歳以降に著しく，その年間発育増加量は12〜13歳でピークに達し，その増加傾向は18歳までみられます。女子の場合，筋断面積は年齢と共に増加しますが，14歳以降の増加はわずかです。そのため，四肢の筋断面積の男女差は14歳以降に顕著になります。

筋力については，握力が信頼性の高い測定値です。握力は，すべての年齢段階で，男性が女性より高い値を示します。男女差は10歳まではわずかですが，12歳頃から徐々に大きくなります。男子は15歳前後の急速な増加時期を経て，緩やかな向上を続けます。また，運動をよく行っている場合とそうでない場合で違いがあります。前者では 4 〜 6 歳にかけて顕著に発達し，後者では 5 歳以降に顕著に発達します。ただし運動経験による発達の違いは，男子に顕著に認められます。

4　運動の発達

出生後の運動行動の発達は，胎生後期に引き続き，自律機能，表情や発声，防御反射，把握反射で始まります。その後，頭部や眼の定位調整機能（ 2 〜 3 か月），座位保持（ 6 か月），立位（10か月），歩行（11〜14か月）の機能が順に発達します。

運動行動は，生後 3 か月以降，中枢神経系の成熟に伴って次第に変化しますが，この過程は学習の要素が大きいといえます。生後の数年間は，運動学習が最も盛んになされる時期です。脳幹網様体から脊髄への抑制作用が加わり，脊髄反射は変容します。さらに，皮質網様体路が形成されるにつれて，大脳皮質の制御を受けるようになります。大脳皮質から脊髄に直接至る錐体路や，大脳基底核・小脳などを経由する錐体外路系の成熟によって，各種の随意運動が可能になります。

乳幼児期における自発運動の発達の様相は，乳幼児を背臥位あるいは腹臥位にした場合の，動きや運動パターンによく現れます。新生児には，自発的な全身運動はあまり見られません。授乳期を除いて，眠った状態で過ごしていることが多く，泣いている時に，自発運動が観察されますが，モロー反射や非対称性緊張性頸反射の影響を受けた運動パターンになります。腹臥位にすると，股関節と膝関節を屈曲して，下肢を腹部の下に折り曲げ，上肢を頭部の脇におき，全体として屈曲位の姿勢となります。頭部をわずかに左右に動かします。背臥位にしても屈曲優位の姿勢は変わりません。ただし，股関節はわずかに外転した肢位となります。手は母指を手掌内に握りしめています。出生後 2 週〜 1 か月では，腹臥位におかれると，頭部を床から瞬間的に上げることができます。全体と

（7）太田めぐみ「第 4 章11　筋力の発達と加齢変化・トレーニング効果」高石昌弘監修，樋口満・佐竹隆編著『からだの発達と加齢の科学』大修館書店，2012年，112-121頁。

（8）中村隆一・斎藤宏・長崎浩『基礎運動学』第 6 版，医歯薬出版，2003年，421-446頁。

（9）同前。

して，屈曲優位の姿勢です。3〜4か月では，乳児を背臥位として，両前腕を持ってゆっくりと引き上げると，頭部と体幹とが一直線になって引き起こされるようになります。腹臥位では両側の肘と前腕を床につき，上半身を支えるようになります。頭部を垂直位に保って，周囲を見回すこともあります。5〜7か月では，腹臥位で両肘関節を伸展位にして，両手掌を床につき，胸部を床面から上げるようになります。腹部や下肢は，そのまま床についています。背臥位から腹臥位への寝返りが完全にできます。両手と両膝とを床につけて，交互運動を用いた四つばいでの移動は10か月頃に可能になります。8〜11か月では，手助けなしに自分で座位がとれます。背臥位から腹臥位になり，それから座位に移行できるようになるのは8〜10か月からです。この時期には，つかまり立ちもできるようになります。

　歩行は1歳頃から可能になります。はじめは両手のつかまり歩き，次に片手支持，それから独歩となります。はじめは，左右の足を大きく開き，歩隔を広くし，不安定で，両上肢を挙上して歩きます。15か月頃には両手の位置は腰の高さまで下がります。18か月になれば上肢は体幹に沿うようになります。その後，歩行中に上肢を左右交互に振るようになります。独歩ができるということは，幼児にとって画期的なことです。歩き始める時期には，比較的大きな個人差が存在します。平均的には12〜15か月，早くて8〜10か月，遅くとも2歳までには歩き始めます。全身運動の典型的な発達の様相は，日本のデンバースケールとして，報告されています。[10]発達パターンには，大きな個人差があることも知られており，それには，成長過程，環境，性格，栄養，経験が関係しています。

5　運動発達と脳

　脳の発育は，妊娠中期頃にスパートし，4歳まで顕著に認められます。大脳皮質の神経細胞数は，生後24〜72か月までに60〜78％増加すると報告されています。[11]また妊娠中期から18か月頃まではグリア細胞が増殖し，4歳近くでは髄鞘化が急速に進みます。髄鞘（ミエリン鞘）は神経細胞の軸索を覆う脂質性の鞘であり，神経インパルスの伝達を速めます。中枢神経系の髄鞘化は，系統発生的に古い構造から始まり，一定の順序にしたがって起こります（図2-3）。[12]中枢神経系の構造の成熟は，脊髄から脳幹を含む上位中枢へと進みます。乳幼児期の運動が未熟であるのは，上位中枢の髄鞘化が不完全であるためとも考えられます。大脳皮質の髄鞘化は，皮質下構造よりも遅れます。原始反射の出現は皮質下構造の髄

(10) 上田礼子『日本版デンバー式発達とスクリーニング検査』増補版，医歯薬出版，1983年，111-120頁。

(11) Shankle, W. R., et al., "Approximate doubling of numbers of neurons in postnatal human cerebral cortex and in 35 specific cytoarchitectural areas from birth to 72 months," *Pediatric Developmental Pathology*, 2, 1999, pp. 244-259.

(12) Stiles, J., *The Fundamentals of Brain Development*, Harvard University Press, 2008, pp. 289-295.

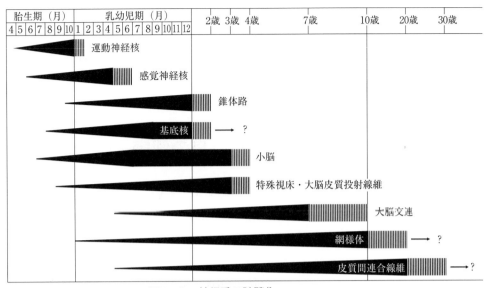

図2-3　神経系の髄鞘化

出所：Stiles J, *The fundamentals of brain development*, Harvard University Press, 2008, p.292, Fig. 9.4をもとに筆者作成。

鞘化に関連し，その抑制は，早期に髄鞘化がなされる皮質下の中枢神経の髄鞘化が関連します。大脳皮質は，髄鞘化につれて，これらを協調的に制御するようになります。

　脳機能の発達という場合には，髄鞘化だけでなく，神経細胞の結合による回路の形成が重要になります。神経細胞やシナプスの数が最も多いのは乳児期であり，その後，発達とともに環境や行動に応じてシナプスが刈り込まれ，必要な神経回路が形成されます。(13)すなわち各種の感覚入力に応じてあるシナプスは増強され，逆に不必要なシナプスは脱落します。このシナプスの刈り込みによる神経回路の構築過程が，脳の発達であるともいえます。実際には脳の部位や乳幼児期の時期によって，シナプスの増減が異なります。例えば聴覚野は出生後の比較的早い時期（3か月あたり）にシナプス数が最大になり，3歳までに刈り込まれます。それに対して前頭前野はシナプスの数がピークを迎えるのが遅く，思春期まで，刈り込みが終了しません。また，前頭前野はもともと神経細胞やシナプスの数が多く，したがって刈り込まれる量が最も多いです。このことは，前頭前野がヒトの高次機能を担っていることに関係しており，より柔軟に神経回路を形成していける神経基盤であると考えられます。この時期が，神経回路を新たに形成できる臨界期であるともいえます。この臨界期に，特定の運動学習が急速に進行すると考えられます。

　神経回路は，神経の細胞数や樹状突起の増減に加えて，自発的に生じる運動，あるいは誘発される運動に依存して形成されます。運動に関連

(13) 田島信元・岩立志津夫・長崎勤『新・発達心理学ハンドブック』福村出版，2016年，223-224頁。

して生じる感覚入力は，ローカルな神経ネットワークの地図の作成に関わります。その地図は，運動系の主要な部分を構成します。神経回路は，繰り返される知覚と行動が安定している場合には強固になり，機能性が低い場合には消失します。そこでは，個人が最も効果的なパターンを決定する適応システムが働いています。[14]

2．心の発達と心身の健康

　子どもの「心」は，どのように発達していくのでしょうか。本節では，乳幼児期の子どもの心の発達について理解を深め，健やかな育ちを支えていくための保育者の関わりについて考えます。

1　ピアジェの発達段階理論——子どもの思考活動の世界

　子どもは，どのようにして思考を巡らせ発達していくのでしょうか。ここでは，子どもの知能／認知機能の発達について，スイスの心理学者ピアジェ（Piaget, J.）[15][16]の理論から理解を深めていきます。ピアジェは，4つの段階に分けて発達の様子を整理しています。子どもの"思考"を理解していく手掛かりとして参考にしましょう（表2-1）。

①感覚運動期（誕生～2歳頃）

　この時期は，自分の身体を使い，様々なモノに触れたり関わったり感じたりすることで体感的に外界を理解していきます。そして，体感的に外界を理解し学習していくことで，自らあらゆる対象に働きかけるようになります。例えば，新生児は，口の近くにあるものはなんでも吸おうとします（吸啜反射）が，過去の体験や感触や大きさの違いなどから吸い方を変化させていきます。さらに，この時期の前半（乳児期前半）では，興味のあるモノが突然目の前から消えてしまっても探そうとはしませんが，後半（乳児期後半）になると目の前から消えてしまったモノを探すようになります。これは，子どもが「目の前から見えなくなったモノでも確かにこの世界に存在しているという認識（モノの永続性）」を獲得していることを意味します。このように，乳児期の子どもは，身体を使い外界に働きかけながら自分の動作とその結果との関係を認識することで，知能／認知機能が発達していきます。

②前操作期（2～6・7歳頃）

　この時期は，言葉を獲得し，感覚ではとらえられない対象や物事を心

(14) Piek, J. P., *Infant Motor Development*, Human kinetics, 2006, pp. 65-81.

(15) Piaget, J.／谷村覚・浜田寿美男訳『知能の誕生』新装版，ミネルヴァ書房，2022年。

(16) George, B., & Margaret, H.／村井潤一監訳『発達心理学の基本を学ぶ』ミネルヴァ書房，1997年。

表2-1　ピアジェの発達段階理論

時期	知能／認知機能に関する発達の特徴
感覚運動期 （誕生〜2歳頃）	自分の身体感覚を使い外界を理解していく。 目に見えなくても確かにこの世に存在しているという認識（モノの永続性）が身に付いてくる。
前操作期 （2〜6・7歳頃）	イメージ（心的表象）できるようになる。一方，全てのモノに意識や生命があると認識する特徴（アニミズム），見かけが変化すると物理的な量や大きさも変化すると考える特徴（保存の概念の未発達），自分と他者の視点を区別し理解することが難しい（自己中心性）特徴がある。
具体的操作期 （6〜12歳頃）	見かけに騙されない思考が身に付いてくる（保存の概念の獲得）。他者の視点に立った理解や行動ができるようになる（脱中心化）。
形式的操作期 （11・12歳頃〜）	仮説に基づいた思考ができ，「もし〜であれば，…である」という思考（仮説演繹的推論）ができるようになる。

出所：Piaget, J.／谷村覚・浜田寿美男訳『知能の誕生』新装版，ミネルヴァ書房，2022年をもとに筆者作成。

の中でイメージ（心的表象）できるようになります。例えば，落ち葉や枝を料理に見立てた"ままごと"など「ごっこ遊び（表象的遊び）」ができるようになります。さらに，生き物以外にも全てのモノに意識や生命があると認識する特徴（アニミズム）があり，落ちているハンカチを見て「ハンカチさんが寂しがっている」と言ったりすることがあります。また，この時期は，複数の側面から同時に認識することが難しく，思考そのものは論理的とは言えず一方的かつ直感的です。そのため，見かけが変化すると物理的な量や大きさも変化すると考える特徴（保存の概念の未発達）があります。例えば，10個のおはじきを「広い間隔で並べた場合」と，「狭い間隔で並べた場合」では，同じ10個であるのにもかかわらず「広い間隔で並べた場合」の方が"多い"と思ってしまうことがあります。さらに，他者の視点を区別し理解することが難しく，自分の見えている風景や世界は他者も同じと認識する特徴（自己中心性）もあります。これは，子どもが自らの少ない経験をもとに周囲の事柄を捉えようとしているとも言い換えられます。このように，幼児期の子どもは，自分の中の事象と外界の事象の区別が弱いながらも，自らの少ない経験やイメージをもとにあらゆる関係性の事象を見聞きし体験していくことで，知能／認知機能が発達していきます。

③具体的操作期（6〜12歳頃）

　この時期の子どもは，見かけに左右されない論理的な思考ができるようになり，様々な保存の概念を獲得し，数，量，時間，長さ，重さ，空間等の科学的な概念から比較できるようになるという特徴があり，アニミズムもなくなってきます。また，集団での遊ぶことが増え，社会性を

(17) 無藤隆・岡本祐子・大坪治彦編『よくわかる発達心理学』第2版，ミネルヴァ書房，2010年。

発達させ自己中心性の状態から他者の視点に立った理解や行動ができるようになります（脱中心化）。就学前の友人関係は，継続性がない場合が多くたまたま遊び場に居合わせれば友人であり，その場を離れると関係が消滅してしまう傾向があるのに対し，小学生頃になると友人関係は固定化され継続性のあるものへと変化していきます。この時期に遊ぶ同世代の仲間との結束を「ギャング・エイジ」と呼び，その後の社会性の発達に大きな役割を果たします。このように，学童期の子どもは，実際に手を動かさなくても言葉だけで推理することができるようになり，同世代の仲間との関係を通して経験や思考を拡大させ，知能／認知機能が発達していきます。

④形式的操作期（11・12歳頃～）

　この時期の子どもは，仮説に基づいた思考ができるようになり，抽象的な思考や組み合わせによる推論，仮説演繹的推論（「もし～であれば，…である」）ができるようになるという特徴があります。仮説演繹的推論とは，問題を解決するために仮説を立てて解決方法を考えるものであり，私たち大人は，この方法を日常生活で頻繁に利用しています。原因と結果を予測する力は，思春期以降に発達していきます。

2　エリクソンの発達段階理論──成長に必要な心の課題

　子どもは，どのようにして「自我（＝「わたし」という感覚）」が芽生え形成されていくのでしょうか。ここでは，乳児期～学童期までに注目し，自我を形成していく過程で出会う"心の課題"について，アメリカの発達心理学者エリクソン（Erikson, E. H.）の理論[18][19][20]から理解を深めていきます（表2-2）。子どもの"気持ち"を理解していく手掛かりとして参考にしましょう。

①乳児期（0～1歳頃）──基本的信頼 vs 不信

　乳児期の子どもは，自分を保護してくれる大人（多くの場合，保護者）の存在なしでは生きることが難しく，大人を頼りながら生きていかなければなりません。このような乳児自身の希望に応え支えてくれる大人との良好な関係を通して育まれるのが「基本的信頼感」です。基本的信頼感とは，"自分は周囲に守られており安全な状況に存在している"という周囲への信頼感のことです。泣いても放置され続けてしまい，周囲に対して信頼することができないと，基本的信頼感を育むことができず「不信感」を育んでしまうことになります。基本的信頼感は，生きていくう

(18) 前掲 (16)。
(19) 前掲 (17)。
(20) Erikson, E. H.／西平直・中島由恵訳『アイデンティティとライフサイクル』第1版，誠信書房，2011年。

表2-2　エリクソンの発達段階理論

時期	自我を形成していく過程で出会う"心の課題"	
乳児期 （0～1歳頃）	基本的信頼 vs 不信	"周囲に守られていて安全な所に存在している"という「基本的信頼感」を育んでいく。しかし，泣いても放置されてしまうなど周囲を信頼することができないと「不信感」を育んでしまう。
幼児期前期 （1～3歳頃）	自律性 vs 恥・疑惑	"自分の意思で自分をコントロールしている"という「自律性の感覚」と失敗した時に感じる「恥・疑惑」を経験しながら「自律性の感覚」を育んでいく。しかし，過度な失敗経験や叱責を経験してしまうと「恥・疑惑」を育んでしまう。
幼児期後期 （3～6歳頃）	自発性 （積極性） vs 罪悪感	"自分で考えて自分で行動している"という「自発性（積極性）の感覚」とそれを主張しすぎて周囲と衝突した時の「罪悪感」を経験しながら「自発性（積極性）の感覚」を育んでいく。しかし，積極的に行った行為を厳しく叱責されてばかりだと「罪悪感」を育んでしまう。
学童期 （6～12歳頃）	勤勉性 vs 劣等感	"目標に向かって挑戦し，成し遂げることは面白い"という「勤勉性の感覚」と苦手なことに対して抱く「劣等感」を経験しながら「勤勉性の感覚」を育んでいく。しかし，過度な失敗経験ばかりを積んでしまうと「劣等感」や苦手意識を育んでしまう。

出所：Erikson, E. H.／西平直・中島由恵訳『アイデンティティとライフサイクル』第1版，誠信書房，2011年をもとに筆者作成。

えで希望を抱くことにも繋がり，後の集団生活や様々な人との関わりを展開していく基礎となっていきます。そのため，この時期は，大人が子どもの気持ちや行動に寄り添い受け止めて，それらに応えていく姿勢や働きかけが重要といえます。

②幼児期前期（1～3歳頃）――自律性vs恥・疑惑

　この時期は，全身の筋肉が発達してくるため，子どもが自分の意志で身体を動かすことにチャレンジすることで，徐々に自身で身体のコントロールができるようになります。このような経験を通して，育まれるのが「自律性の感覚」です。自立性の感覚は，自分の意志で自分をコントロールしているという感覚のことで，その第一歩がトイレ・トレーニングといえます。しかし，最初からすべてが上手くいくわけではありません。排泄を我慢できず，お漏らしをして「恥」を感じることや，自分でコントロールできるはずなのにできなかったという「疑惑」を感じるなど，失敗も経験します。この時期の子どもは，「自律性の感覚」と「恥・疑惑」の間で葛藤しながら「自律性の感覚」を育んでいきます。そのため，子どもが上手くできないからといって，大人がやらせなかったり失敗を叱責したりしてしまうと，子どものやってみようという気持ちを低めてしまいます。大人のあたたかい励ましや助言があれば，失敗しても恥ずかしさや悔しさを乗り越えることができます。そして失敗しても受け入れてもらえるということがわかるとさらにチャレンジしてみ

ようという意思（意欲）を得ることに繋がります。子どものやってみたいという気持ちを尊重し，過度な失敗と叱責を積まないよう配慮することが重要といえます。

③幼児期後期（3～6歳頃）——自発性（積極性）vs 罪悪感

　この時期は，幼稚園や保育園等に通うようになり，家庭以外の集団生活を経験します。親以外の大人や同年代の子どもがいる集団での経験を通して育まれるのが「自発性（積極性）の感覚」です。自発性の感覚は，自分で考え行動しようとする感覚のことで，自分の周りにある世界に強い興味を持ち，それらに向けて自分なりの思考（思いや計画・目標など）からとにかくやってみたいという自発性が芽生えてきます。一方，集団での生活や遊びを経験する中では，思い通りにいかないことも多くあります。自分を主張するあまり，周囲と衝突し「罪悪感」を持つこともあります。このように，幼児期後期の子どもは，「自発性（積極性）の感覚」と「罪悪感」の間で葛藤しながら，「自発性（積極性）の感覚」を育んでいきます。そのため，子どもは自分が積極的に行った行為が厳しく叱責されてばかりだと罪悪感を強く感じてしまい自発性を育むことができなくなってしまいます。やってみたいという感覚と実際の経験を通して，具体的な善悪の判断や他者への配慮がわかるようになると，やりたい事に対しての適切な目的意識（なぜ～したいのか／なぜ～するのか等）を抱くことに繋がります。周囲の大人は，子どもの興味・関心や思考を大切にしながら，積極的な行動を見守り，善悪の判断や自分の気持ちのコントロール，他者への配慮を伝えていくことが大切といえます。

④学童期（6～12歳頃）——勤勉性 vs 劣等感

　この時期の子どもは，小学校に入学し教師や友人と過ごす中で，読み，書き，計算，運動やスポーツなど多様な学びを経験します。これらの学びから自分なりの目標を設定し，挑戦し，成し遂げた時に感じる喜びから育まれるのが「勤勉性の感覚」です。勤勉性の感覚は，目標に向かって挑戦し成し遂げることは面白いという感覚のことで，成功体験を積み重ねていくことが大切です。そしてこの成功体験は，自分はできるという感覚（有能感）を身に付けることにも繋がり，様々なことに積極的に行動していく心の原動力になります。一方，この時期は，他者と自分の能力を比較することができるようになり，成績として評価される機会も増えることから，苦手なことに対して「劣等感」を抱くようにもなります。自分自身を客観的に評価できるということは，発達において大切な

ことではありますが，失敗経験ばかりを積み，過度な劣等感や苦手意識を育むことは有益ではありません。そのため，周囲の大人は，子どもが目標に向かって挑戦する姿勢を大切にし，仮に全部が上手くいかなかった場合でも，ここは惜しかったけど〇〇はできたね等，小さな成功を喜べるよう働きかけることが大切といえます。

3　愛着の形成──基本的信頼感の土台

エリクソンは，乳児期の心の発達課題として基本的信頼感（基本的信頼vs不信感）をあげていますが，この基本的信頼感の獲得の基盤となるのが「愛着」と言う考え方です。

イギリスの精神科医ボウルビィ（Bowlby, J.）は，親子の情緒的な絆を「愛着（アタッチメント）」と呼び，愛着を形成するために行われる微笑みやしがみつき，後追いなどの行動を「愛着行動」と呼びました。愛着は，新生児期に親（主に母親）との相互関係の中で形成されていきます。新生児の子どもは，親の顔を見つめて微笑んだり，泣いたりしながら働きかけます。そして，親は，子どもの働きかけに対して笑顔で抱き上げ，言葉を掛けながら授乳やおむつ交換などを行い，子どもの働きかけに応えていきます。新生児の子どもは，このようにしてくれる親（大人）を特別な存在として区別していきます。6～8か月頃になると，子どもは「人見知り」を示すようになります。これは，子どもが親から離れることへの不安を感じているために起こる現象で，他者と特別な存在である親（大人）を区別しているということになります。そのため，人見知りの出現は，愛着関係が健全に発達している証拠ともいえます。愛着関係が形成され確かなものになると，子どもは，特別な存在である親（大人）を安全基地として心の拠り所にし，少しずつ外の世界と関わるようになります。親に見守られているという安心感の中で周りの環境を探索し，不安な気持ちになると安全基地である親のところに安心を求めて逃げ込みます。

このように親子の愛着関係は，安定した情緒の基盤として基本的信頼感を育み，以降の健やかな発達を支えるものとなります。

4　心の理論──他者の心の存在への理解と共感性

自分だけでなく他者の気持ちや状況を理解することは，他者との人間関係を円滑にし，健やかな社会生活を育んでいくために重要です。特に幼児期は，親以外の大人や同年代の子どもとの社会生活を通して，自分と他者を区別しそれぞれが異なる心を持つ存在だと認識する「心の理論

(21) 同前。

(22) 前掲（16）。
(23) 前掲（17）。
(24) 前掲（20）。

図2-4　サリーとアンの課題

出所：Frith, U.／冨田真紀ほか訳『新訂自閉症の謎を解き明かす』東京書籍，2009年，162頁。

(25)　前掲（17）。

(26)　Baron-Cohen, S., Leslie, A.M., & Frith, U. "Does the autistic child have a "theory of mind"?" *Cognition* (21), 1985, pp. 37-46.

(27)　同前。

(28)　Frith, U.／冨田真紀ほか訳『新訂自閉症の謎を解き明かす』東京書籍，2009年，162頁。

(29)　Evans, A. D., & Lee, K., "Emergence of lying in very young children" *Developmental Psychology*, 49 (10), 2013, pp. 1958-1963.

(30)　Talwar, V., & Lee, K., "Development of lying to conceal a transgression: Children's control of expressive behavior during verbal deception," *International Journal of Behavioral Development*, 26 (5), 2002, pp. 436-444.

(theory of mind)[25][26]」を獲得し，表情等から相手の気持ちや状況を理解し慰めたり手を差し伸べたりする「共感性」を発達させていきます。

　子どもの「心の理論」の獲得を確かめるために最も良く用いられているのが誤信念課題（代表的なものが「サリーとアンの課題」（図2-4）です[27][28]。これは，登場人物の心を読み取る課題で，正答率は4歳未満では低く，言語等の発達も伴い4〜7歳にかけて正解率が上昇するということが報告されています。これは，おおよそ3〜4歳頃から自分以外の他者がどのような気持ちや考えなのか推測し表現したり伝えたりする能力が急速に発達してくることを意味しています。決して，3〜4歳になるまで自分と異なる他者の心の存在を理解できないということではありません。最近では，3〜4歳以前に他者の気持ちや状況を認識していることや，他者の気持ちに配慮する行動が見られることが報告されています。

　興味深いことに，子どもの嘘に関する研究では，2歳児の30％，3歳児の50％，4歳児の80％が嘘をつくことができると報告されています[29][30]。嘘は，“自分が知っていることを相手は知らない”と認識することではじめて成立します。つまり，早い子で2歳頃から嘘をつくということは，

この時期から既に他者がどのような気持ちや考えなのかを推測し「心の理論」を獲得しはじめているということを意味します。嘘は，道徳的にあまりよくないこととして捉えられがちですが，「心の理論」の獲得という側面からみてみると，子どもの嘘は，心が健全に発達している証拠ともいえます。

5　道徳的判断と社会的慣習への理解

　道徳的判断や社会的慣習（ルールやマナーなど）[31]は，2～3歳頃から理解の芽生えが見られ，4～5歳頃にかけて“なぜ良いのか悪いのか”，“守らなければならないのか”という具体的な理解が可能になってきます。そして，子どもは，「先生や親が怖いから・怒るから」等の画一的な理由だけで理解していくのではなく，子どもなりに観察し状況に応じて理由付けを行い，多角的に理解していくことで道徳的判断や社会的慣習の力を身に付けていきます。そのため，大人は，子どもに善悪を伝えるだけでなく，丁寧に「立場を置き換えた時の感情」や「ルール（社会的慣習）や人としてしてはいけないこと（道徳）の判断基準」を説明していく必要があります。そして4・5歳頃にかけて徐々に，「環境への影響」や「自他の行動の意図や結果」等について詳しく説明していくことが大切です。これらは，円滑な社会性を育むだけでなく，子どもが自分自身の健康や安全に気付き理解や学びを得ていくうえでも重要なポイントといえます。

　ここまで，いくつかの理論や研究の成果を用いながら“子どもの心の発達”について説明してきました。子どもには，自らを発達させていく素晴らしい能力が備わっており，毎日の生活や遊びの中で，自らの能力を発揮し新たな力や能力を獲得していくことに充実感を感じる（能動的に学習できる）存在であることがわかります。大人は，先回りした「インプット（教え込み）」と「結果」を重視するのではなく，子どもの自発的な「アウトプット（子どものやってみたい気持ちを引き出すこと）」と「過程」を重視し，子どもの健やかな育ちを支えていくことが大きな役割といえます。

3．近年の子ども達を取り巻く発育と発達の課題

　子ども達の心身の健康に影響を及ぼす可能性がある，現代における発

(31) 森川敦子ほか「子どもの規範意識の発達に関する研究——幼児の善悪判断の理由付けに焦点づけて」『比治山大学紀要』23，2017年，121-131頁。

育・発達の課題について，以下に述べます。

1　脳の発達研究と保育

　現在，子ども達の発育・発達に関わる情報が世の中にあふれています。なかでも保育者だけでなく，保護者の興味・関心が強い事柄の１つは脳科学に関わる知見でしょう。実際に，近年，テクノロジーの発展に伴い，脳構造や脳機能の発達が徐々に明らかになってきています。例えば，磁気共鳴画像（MRI）を用いた研究では，大脳の白質（主に神経細胞の神経線維が走行している領域）の量は，２歳頃に急速に発達し，年齢に伴って増加することが示されています[32]。これに対して，灰白質（主に神経細胞の細胞体が集まる領域）については，はじめは増加したのちに，減少するという逆U字型の発達パターンを示すとされています。また，機能的MRI技術を用いた研究では，脳内の神経ネットワークが，幼い学齢期（７〜９歳）には機能的にまばらにしか接続されていませんが，発達を通して，これらの領域がまとまりのある相互接続されたネットワークに統合されると報告されています[33]。これらの知見は日々進歩しており，発育発達に伴う脳の構造的・機能的変化についてますます明らかにされ，発達障がいなどへの応用も進むことでしょう。一方でこれらの脳機能イメージング技術は，身体拘束を伴うため乳幼児への適用が難しいのが課題です。このような背景から，脳波（EEG）や近赤外線分光法（NIRS）を用いた計測がなされています。EEGを用いた研究では，動作の模倣に重要とされるミラーニューロンの働きと関係するアルファ帯域の脳活動が，９か月児に認められることを明らかにしています[34]。NIRSを用いた研究では，３〜５歳児の認知的制御能力と前頭葉の活動に関連性を示しています[35]。脳の発達研究は，子育てや幼児教育の効果を直接的に示しているわけではありませんが，子どもが直面している問題を検討するための視点を与えてくれると考えられます。そして，これらの知見を保育にどのように応用するかが今後の課題といえるでしょう。

2　子どもの肥満およびけがと運動

　子どもたちの健康において，健全な生活習慣を身に付けることは，きわめて重要です。しかしながら，ひと昔前と比較して，現在の子どもが育つ生活環境や文化が大きく変化しており，子どもの遊び方も大きく変容し，身体活動が減少してきました[36]。その影響の一つとして，近年，肥満の低年齢化が問題とされています。2000年以降は，小児の肥満に歯止めがかかったものの，現在，５歳児の約４％が肥満傾向を有していると

(32) Gogtay N., et al., "Dynamic mapping of human cortical development during childhood through early adulthood," *Proceedings of the National Academy of Sciences U S A*, 101 (21), 2004, pp. 8174-8179.

(33) Fair D. A., et al., "The maturing architecture of the brain's default network," *Proceedings of the National Academy of the National Academy of Sciences U S A*, 105 (10), 2008, pp. 4028-4032.

(34) Southgate V., et al., "Predictive motor activation during action observation in human infants," *Biology Letters*, 5, 2009, pp. 769-772.

(35) Moriguchi Y., Hiraki K., "Longitudinal development of prefrontal function during early childhood," *Developmental Cognitive Neuroscience*, 1 (2), 2011, pp. 153-162.

(36) 加賀谷淳子「子どもの健康と身体活動」『日本公衆衛生雑誌』56 (4), 2009年, 260-265頁。

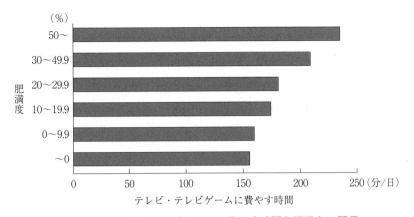

図2-5　テレビ・テレビゲームに費やす時間と肥満との関係

出所：原光彦「子どもの肥満と身体活動・食習慣」高石昌弘監修，樋口満・佐竹隆編『からだの発達と加齢の科学』大修館書店，2012年，150頁をもとに筆者作成。

されています。[37] 乳児肥満の多くは自然に肥満が解消されるのとは異なり，幼児肥満は学童肥満に進展しやすく，また，思春期に肥満の場合には幼児期にすでに肥満になっているとされおり，学童期の肥満の3～4割，思春期の7割が成人期の肥満に移行するとの報告もなされています。[38] 肥満予防対策として，就学前の幼児期から生活習慣の見直しや改善を行うことが重要となります。特に，現在の子どもは，昔と比べて遊びの内容が変化しており，外遊びや自然遊びから，室内遊びを実施する傾向が強まっています。実際に子どもたちのゲームやインターネットなどのメディア視聴の時間が増大しており，テレビ等の視聴が多い子どもほど，肥満傾向があると報告されています（図2-5）。[39] また，運動の好き嫌い（嗜好）と動脈硬化危険因子との関連性についても報告されています。[40] これらのことは，子どもの健康という観点において，身体活動や外遊びを習慣化し，運動の楽しさを感じるための保育者の働きかけの大切さを示すものといえるでしょう。

　上述の身体活動量の減少や外遊び機会の減少は，子どもの体力・運動能力の低下も引き起こしています。幼児における体力・運動能力の低下は1980年ごろに比して顕著であり，1985年と2007年の3～5歳児について7種類の基礎的運動パターンを比較した結果，運動能力低下だけでなく，動作様式の質的な低下も認められています。[41] 近年，子どもが転倒に伴って骨折する事例が増大しています。この原因として，運動不足が一因であるとの指摘もなされています。[42] 身体活動の活発さ（図2-6）や散歩などの外遊び活動，[43][44] ダイナミックな運動遊び環境の充実は，バランス[45] 機能の発達に影響することが報告されています。[46] 転倒に伴うけがの予防という観点でも，子どもの運動遊び及びその環境の充実が今後の課題と

(37) 文部科学省「令和2年度学校保健統計調査の公表について　肥満傾向児の割合の推移」（令和3年7月28日公表）。https://www.mext.go.jp/b_menu/toukei/chousa05/hoken/kekka/k_detail/1411711_00004.htm（2022年3月24日閲覧）。

(38) 小山さとみ「乳幼児健診と幼児肥満対策」日本小児医療保健協議会編『幼児肥満ガイド』日本小児医療保健協議会栄養委員会，2019年，78-81頁。

(39) 大国真彦ほか「子ども達がテレビ等視聴，ファミコン等で遊んでいる実態と肥満との関係調査成績」『日本小児科学会雑誌』99(9)，1995年，1700-1703頁。

(40) 原光彦「第2部1子どもの肥満と身体活動・食習慣」高石昌弘監修，樋口満・佐竹隆編著『からだの発達と加齢の科学』大修館書店，2012年，146-154頁。

(41) 森司朗ほか「2008年の全国調査からみた幼児の運動能力」『体育の科学』60(1)，2010年，56-66頁。

(42) 中村和彦ほか「観察的評価法による幼児の基本動作様式の発達」『発育発達研究』(51)，2011年，1-18頁。

(43) 林承弘「子どもロコモと生活習慣運動器検診のめざすもの」『臨床栄養』128(4)，2016年，460-464頁。

(44) 藤原勝夫「立位姿勢制御機構の発達」宮本省三・沖田一彦選『運動制御と運動学習』協同医書出版，1997年，157-183頁。

(45) 藤原勝夫ほか「5歳児における床振動時の動的平衡機能に及ぼす散歩の影響」『金沢経済大学人間科学研究所telos』7，1991年，51-55頁。

(46) 藤原勝夫「子どもの姿勢制御に影響する遊び内容と環境」藤原勝夫編著『認知機能改善へのアプローチ』市村出版，2008年，26-33頁。

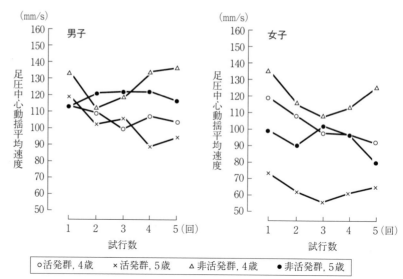

図2-6　身体活動量が異なる幼児に閉眼にて床振動を繰り返し負荷した場合の
足圧中心動揺の平均速度の5試行間の変化

出所：藤原勝夫「立位姿勢制御機構の発達」宮本省三・沖田一彦選『運動制御と運動学習』協
同医書出版，1997年，173頁をもとに筆者作成。

いえるでしょう。

3　身体活動が心身に与える影響

　近年の研究により，幼児期の全身を使った遊びや活動（身体活動）が，運動発達や体力向上だけでなく，心の発達や健康，さらには生涯にわたる健康づくりに影響することが実証されています。例えば，日本学術会議 (2011) [47] は，あらゆる研究の成果から"全身運動は脳の運動制御機能や知的機能の発達促進にも有効である"と述べており，幼児期の全身を使った遊びや活動が，身体だけでなく心の発達においても重要であることを強調しています。

　一方，近年の子どもの身体活動量は，減少しています。幼児の身体活動量を歩数でみてみると，1979年頃は1日平均27,000歩台であったのにもかかわらず [48] ，2018年頃には半分以下の10,000歩台となっており，40年間で子どもの身体活動量は大きく減少しています [49] （図2-7）。このような状況に加えて，2020年以降の新型コロナウイルス感染症（COVID-19）の世界的な蔓延が，子どもを取り巻く生活環境や生活様式を大きく変え，更なる課題として取り上げられるようになりました。生活様式が大きく変化した2020年の緊急事態宣言下においては，幼児の平均歩数は，さらに2～6割減少しました [50] 。しかし，この期間，全ての子どもの歩数が減ったわけではありません。幼児の全身を使った遊びや活動を促す工夫

(47) 日本学術会議健康・生活科学委員会健康・スポーツ科学分科会『提言　子どもを元気にする運動・スポーツの適正実施のための基本指針』2011年8月16日，10頁。
(48) 波多野義郎「現代っ子はどれだけ動いているか」『ウォーキングと歩数の科学』不昧堂，1998年，11-14頁。
(49) 石沢順子ほか「幼児の身体活動に関する客観的評価と保護者および保育者による主観的評価との関係」『生涯スポーツ学研究』16(1)，2019年，2-10頁。
(50) 鈴木宏哉ほか「コロナ禍における幼児の身体活動へのアプローチ（特集　社会変動下における子どもの発育発達の保障をめざして）」『子どもと発育発達』19(1)，2021年4月，42-47頁。

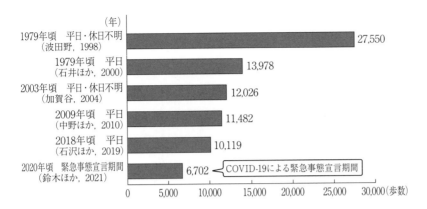

図 2-7　幼児の 1 日の平均歩数における経年変化

注：引用した数値は一部，平均をとるなどの再集計を行っている。
出所：波多野義郎「現代っ子はどれだけ動いているか」『ウォーキングと歩数の科学』不昧堂，1998年，11-14頁。石井荘子・坂本元子「幼児の運動量に影響する健康・食生活の要因について」『和洋女子大学紀要家政系編』(40)，2000年，97-105頁。加賀谷淳子ほか「歩数からみた幼児の身体活動の実態　子どもの身体活動量目標値設定にむけて」『日本女子体育大学体育学部附属基礎体力研究所紀要』13，2004年，1-8頁。中野貴博・春日晃章・村瀬智彦「生活習慣および体力との関係を考慮した幼児における適切な身体活動量の検討」『発育発達研究』(46)，2010年，49-58頁。石沢順子ほか「幼児の身体活動に関する客観的評価と保護者および保育者による主観的評価との関係」『生涯スポーツ学研究』16 (1)，2019年，2-10頁。鈴木宏哉ほか「コロナ禍における幼児の身体活動へのアプローチ (特集　社会変動下における子どもの発育発達の保障をめざして)」『子どもと発達』19 (1)，2021年，42-47頁をもとに筆者作成。

を行った家庭では，幼児の歩数が2018年頃と同じかやや少ない程度の水準を維持することができていました。これは，大人が，子どもの身体活動を意識し生活を工夫することで身体活動量の低下を抑制できることを示しています（図 2-8）。[51]

　子どもの身体活動量の低下は，身体のみならず心の発達や健康，生涯にわたり深刻な影響をもたらします。新型感染症による子どもの生活の変化や制限は，少しずつ緩和されつつあるものの，子どもの身体活動量が蔓延以前の水準またはそれ以上になるまでには時間がかかるものと推察されます。そのため，今後は，子どもの現在の健康はもちろんのこと，変化した生活環境に長期的に曝された子どもの将来的な健康をも念頭に，工夫や対策を講じていく必要があるといえます。

4　乳幼児期の「習い事」や早期教育の在り方

　子どもの習い事や早期教育（知識や技術の習得を目的とした教育）は，身近なものとなっており，園での活動以外にも，運動やスポーツ，ピアノ，英会話，そろばん等，たくさんの学びの場が「習い事」として用意されています。日本の乳幼児期の子どもにおいては，1 歳 6 か月で17%，2 歳で26%，3 歳で30%，4 ～ 6 歳（就学前）の子どもの67.6%が習い事

(51) 同前。

(52) ベネッセ総合研究所「第5回幼児の生活アンケート」2016年，18頁。https://berd.benesse.jp/up_images/research/YOJI_all_P01_65.pdf（2023年7月23日閲覧）。

(53) ベネッセ総合研究所「速報版 日本・中国・インドネシア・フィンランド幼児の家庭教育国際調査——4か国の保護者を対象に」2018年，6頁。https://berd.benesse.jp/up_images/research/YOJI_seikatsu2018_28P_5th_web_all.pdf（2023年7月23日閲覧）。

(54) 末永雅子「親が習い事に求めるもの——ピアノを習わせている親への調査に基づいて」『広島文化学園大学学芸学部紀要』3，2013年，9-17頁。

(55) 細川陸也・桂敏樹・志澤美保「就学前のスポーツ活動・文化芸術活動と社会的スキルの発達との関連」『小児保健研究』75(1)，2016年，54-62頁。

(56) 汐見稔幸「早く熟せば，早く腐る——早期教育は，子どもに何をもたらすか？（特集 早期教育を問う）」『教育と医学』57(12)，2009年，1115-1121頁。

(57) 成田朋子「早期教育のあり方について考える 保育科学生とその保護者への習い事についての回想調査に基づいて」『名古屋柳城短期大学研究紀要』(35)，2013年，89-103頁。

(58) 杉原隆ほか「幼児の運動能力と運動指導ならびに性格との関係」『体育の科学』65(5)，2010年，341-347頁。

(59) Kamimura, A.,et al., "The impact of physical activity enjoyment on motor ability," Bagnara, S.,et al., (eds.), *Proceedings of the 20th Congress of the International Ergonomics Association*, 819, 2018, Springer, Cham, pp. 639-645.

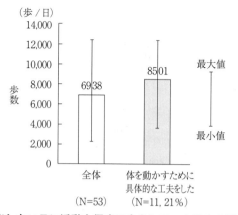

図2-8　外出しない日に活動を促す工夫をしていた場合の幼児の歩数

出所：「歩数調査からみた、緊急事態宣言下の幼児の活動調査」順天堂NEWS（2020.09.02），https://www.juntendo.ac.jp/news/20200902-02.html（2023年7月26日閲覧）をもとに筆者作成。

をしており，特に幼稚園児において習い事をしている割合が高いことが報告されています。[52][53] これらの習い事に期待されているものとして，将来の可能性を広げること，体力や集中力の獲得，特別な知識や技能の習得，練習の積み重ねから精神面を鍛え達成感を得ること[54]，社会的スキルなど[55]があげられます。しかし一方では，乳幼児期の習い事や早期教育が，子どもの負担となり，はじめる前に持っていた興味や関心を早期教育や習い事によって早い段階で失くしてしまう等，負の影響があることについても危惧されています。[56][57]

例えば，幼児の運動に関する領域では，習い事による専門的な技術指導や園の一斉活動として専門的な技術指導を受けている子どもにおいて，体力・運動能力が低く，運動嫌いの子どもも多いことなどが報告されています。[58] また，幼児の運動に対する楽しさと運動能力を検討した研究では，身体を動かすことを「楽しくない」と感じている子どもは，一部のスキルを要する運動能力（ボール投げ，立ち幅跳び）が高いという状況も報告されています。[59] これは，早期に高いパフォーマンスやスキルを獲得した一部の子どもが，同年代の仲間との遊び（遊びとしての運動）や活動の中で肯定的な感情を見出すことができずにいる可能性を示しています。

乳幼児期の発達が，日常生活や遊びの全ての経験を通して促され，それぞれの発達する領域が相互補完的に発達していくことを踏まえると，早期教育や習い事も例外ではありません。今後は，子どもの「能力向上」や「スキルの獲得」，「発達の促進」という結果的な視点に捉われるのではなく，長期的な視点から，子どもが「楽しい・もっとやりたい・やってみたい」と感じ続けられるよう，あらゆる学びの場（園や習い事，塾などを含む）で工夫していくことが課題といえます。

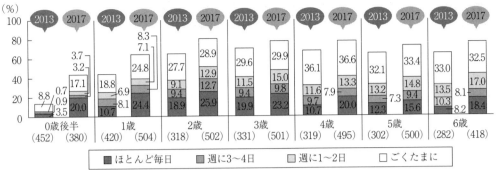

図2-9　スマートフォンを所有する家庭における子どもの年齢別活用状況——
　　　　2013年と2017年の経年比較

注1：（　）内はサンプル数。
注2：2013年は無答不明を除く。
注3：そのメディアが家庭にある人のみ。
出所：ベネッセ総合研究所「第2回乳幼児の親子のメディア活用調査報告書」2018年，25頁を
　　　もとに筆者作成。

5　デジタルデバイス環境の劇的な変化

　デジタルデバイス（スマートフォン，タブレット端末，パソコンなど）は，私たちの生活に欠かせない必需品となっています。乳幼児を取り巻くデジタル環境も2010年頃から急激に変化しており，特に，保護者の所有率が9割を超えるスマートフォンにおいては，子どもの使い始める時期が低年齢化し，接触頻度は増加しています（図2-9）。[60]

　近年，これらのデジタルデバイスが子どもの脳の発達や健康に与える影響について，少しずつ検証され明らかにされてきています。例えば，子どものデジタルデバイスの長時間の使用は，子どもの模倣やジェスチャースキルや言語表現スキルの低下[61]，共感性の発達や低下[62]に繋がることなどが報告されています[63]。また，デジタルデバイスのスクリーンタイムが選択的注意（多様な情報がある中から，その個人にとって重要だと認識された情報のみを選択し，それに注意を向ける認知機能）の発達に影響を及ぼす可能性があることも報告されています[64]。

　このような状況から，WHOは，子どものスクリーンタイムについて警鐘を鳴らし，スクリーンタイムについて，2歳未満には推奨されないこと，2～4歳は1日1時間未満が適切との基準を示しています[65]。新型コロナウイルス感染症による生活の変化も重なり，デジタルデバイスの使用は，ますます子どもの生活に浸透していくものと考えられます。今後は，大人が子どもの健やかな育ちを保障しつつ，子どもがデジタルデバイスを安全かつ上手に活用し創造性を発揮していくことができるよう，具体的な方法を模索していくことが大きな課題といえます。

（60）ベネッセ総合研究所「第2回乳幼児の親子のメディア活用調査報告書」2018年，17-25頁。https://berd. benesse. jp/up_images/textarea/全体通し.pdf（2023年3月24日閲覧）。
（61）Operto, F. F., et al., "Digital devices use and language skills in children between 8 and 36 month," *Brain Sciences*, 10（9），2020, pp. 656-670.
（62）van den Heuvel, M., et al., "Mobile media device use is associated with expressive language delay in 18-month-old children," *Journal of Developmental and Behavioral Pediatrics*, 40(2), 2019, pp. 99-104.
（63）Konrath, S. H., O' Brien, E. H., & Hsing, C., "Changes in dispositional empathy in American college students over time: A meta-analysis," *Personality and Social Psychology Review*, 15, 2011, pp. 180-198.
（64）Portugal, A. M., et al., "Longitudinal touch-screen use across early development is associated with faster exogenous and reduced endogenous attention control," *Scientific Reports*, 11（1），2021, pp. 1-12.
（65）World Health Organization "Guidelines on physical activity, sedentary behaviour and sleep for children under 5 years of age," 2019.

第3章

乳幼児期の基本的生活習慣

　生まれてから成長していくなかで，人間が身に付けていく必要がある基本的な行為・行動が基本的生活習慣と呼ばれるものです。これは，繰り返し生活していくなかで行われることによって，確かなものになります。本章では，5つの基本的生活習慣を取り上げ，その意義と発達について学んでいきます。

1. 基本的生活習慣の形成と意義

　教育基本法第10条で「父母その他の保護者は，子の教育について第一義的責任を有するものであって，生活のために必要な習慣を身に付けさせるとともに，自立心を育成し，心身の調和のとれた発達を図るよう努めるものとする。」とあるように，生活習慣の習得は家庭教育の第一歩ともとれる表現で書かれています。

　山下[(1)]は，生活文化に規定されている「生活型式の調整による文化適応」に加え「日常生活の場面において自分のことは自分ですること，すなわち生活の自立の習慣によって，社会人としての重要属性である独立性を見につけるようにすること。」を基本的生活習慣だと述べ，「学者の中には，食事，睡眠，排泄の三つすなわち生理的生活の面だけを基本と考えて，これだけを基本的生活習慣と称する者もあるが，わたくしは心理的側面をも加えて，着衣，清潔の二つを加えた五つのものを基本的習慣と呼ぶことにしている。」と述べています。

　以降，基本的生活習慣とは，食事・睡眠・排泄・衣服の着脱・清潔の五つを指すことが多くあります。「習慣」であるから日々の繰り返しの中で養育者の愛情深い支援を受けながら自立に向かいます。例えば，生後すぐから哺乳によって栄養を取り，離乳食を経て幼児食へと進む中で，手づかみ食べや食具の使用を身に付けていきます。睡眠に関しては，真っ暗な子宮内から生まれ，明暗を知る中で睡眠―覚醒のリズムが形成され，ホルモンや体温等概日リズムと呼ばれるおよそ一日でリズムを持つものが整えられていきます。排泄は生後しばらく本人には自覚なく，快―不快の感覚に神経的な成熟と個人差が加わり，養育者との応答的な関わりを繰り返す中で自立に向けての習慣が確立していきます。

　食事・睡眠・排泄に関しては，特に脳神経機能の成熟が必要で大人の都合で早期に形成を促すことは適切ではありません。同時に生活の習慣

（1）山下俊郎『保育学講座5　幼児の生活指導』フレーベル館，1970年，178-118頁。

であることから，家庭との連携が重要で，家庭での理解や家庭への支援をいかに構築するかが保育の場での課題となります。

　衣服の着脱に関しては，しなやかな体の動きと手先・指先の巧緻性の発達が必要になります。

　近年，マジックテープやジッパー等の力を入れずに開け閉めできるものが増えたので，それらを使用して「ジブンデ」やりたいと思うきっかけを作ってみましょう。まずは着ているものを脱ぐことができる，次にかぶって着るだけのTシャツやトレーナーで前後がわかるもの，さらにジッパーやスナップ，ボタン……と進めていきます。保育の場での着脱習慣形成については後述します。

　清潔の習慣は，コロナ禍に入ってさらに強調されるようになっています。もともと食事の前や排泄の後は手洗いをし，食後は歯磨きをする等，友達と一緒に行うことで習慣化しやすく，快の感覚も得られやすいものです。子どもにとってもルーティーンとして認識されてきましたが，コロナ禍の影響でかなりの緊張感を伴う活動になっていると思われます。個々の子どもの手洗い・うがいだけでなく，室内や遊具の清掃や消毒にも気を配っています。清潔の習慣は一人一人はもちろん，環境への気配りを求められる状況にあるのです。

2．食事──食べることの発達と保育

　私たちは，生きていくエネルギーを補うために食事を摂ります。特に，成長が著しい乳幼児期は栄養を摂ることは重要です。しかしながら，大人と同じように食事は摂れません。どのように食事が摂れるようになっていくのかを学んでいきましょう。

1　6か月未満頃

　産まれてすぐの赤ちゃんは，2～3時間おきに，寝て，起きて授乳，また寝て，起きて授乳を繰り返しています。その後，3～4か月くらいになると，授乳間隔が定まってきて，1日に5～6回の授乳になり，1回の量は160～200mlが目安となります。また，飲み方も，安定してきます。5か月くらいになると，授乳間隔が4時間ほどになり，1回に200～240mlのミルクが飲めるようになってきます。

　授乳の前に，子どもが安心してミルクが飲めるように，まずおむつの交換をしておきましょう。その後，子どもを抱き，頭部と腰部を支えて姿勢を安定させます。子どもによっては好きな抱かれ方もあるので，落

ち着く姿勢で抱きましょう。そして，乳首全体を口に含ませます。その際，空気を飲み込まないよう，乳首にミルクが満たされている角度をキープしましょう⁽²⁾。授乳中は，子どもの目を見つめて，「おなかすいたね」「おいしいね」「たくさん飲んだね」など，やさしく語りかけます。授乳後は，嘔吐や窒息を防ぐために，縦抱きにして背中をさすりゲップをさせましょう。

（２）哺乳瓶や乳首の穴の形やサイズなども保護者と相談しながら，子どもに合ったものをそろえていきましょう。

（３）離乳食を始めるタイミング
一般的に５～６か月頃に始めますが，下記のような育ちが見られるようになったら，離乳食を開始するとよいでしょう。
・首が据わり，支えると座っていられる。
・哺乳反射が消え始めた
・食べ物に興味を持つようになった。
・よだれが多くなってきた
・大人が食べている様子を目で追ったり，モグモグ口を動かしたりするようになった。
・離乳食用のスプーンを口に入れても口で押し出すことが少なくなった。

２　６か月～１歳６か月頃

　５～６か月くらいから離乳食を開始します⁽³⁾。初めはポタージュスープくらいのトロトロしたものを，１日１回（＋ミルク），１さじから始めます。１か月ほどして，飲み込みが上手になったら１日２回（＋ミルク）にしていきます。ミルクは200mlくらいが目安です。この時期は，子どもを抱くなどし，１対１でその子のペースに合わせ，声をかけながら食べさせましょう。なかなか食べようとしないときもありますが，焦らずに楽しく安心して食べられる雰囲気をつくっていきましょう。

　７～８か月頃になったら，舌と上あごで食べ物をつぶせるようになってきますので，ツブツブが少し残る豆腐状のものを加えていきましょう。モグモグ，ゴックンを身に付ける時期ですので，保育者が，「モグモグしようね」と声をかけながら，口をモグモグする様子を見せるようにしましょう。また，椅子に座れるようになってきたら，食事用の椅子に座って食べるようにします。

　９～11か月頃になったら，上の前歯が生え，舌が左右に動くようになり，上下の歯茎でつぶすことができるようになってきますので，バナナくらいの硬さの食べ物を加えていきます。回数も１日３回（＋ミルク）にしていきます。この時期は，カミカミを身に付ける時期なので，保育者が，「カミカミ」と声をかけながら子どもたちがカミカミしたくなるようにしましょう。また，自分で食べたい食べ物に手を伸ばし，自分で食べたいという姿も見られるようになります。スティック野菜や細く切った食パンなど，手でつかみやすいメニューを取り入れながら，手づかみ食べを進めましょう。

　１歳～１歳６か月頃は，離乳食３回と軽食をとるようになります。上下の前歯が４本ずつになり，肉団子くらいの硬さのものを歯や歯茎で食べられるようになります。また，スプーンを上から握って食べようとしますので，スプーンに乗りやすい形状の食べ物を用意するようにしましょう（図3-1）。コップで両手を使って飲み物を飲めるようにもなります。好き嫌いが出てくるのもこの時期です。

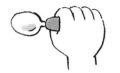  

手のひら握り　→　**指握り**　→　**鉛筆握り**
上から手のひら全体で握る。　上から指だけで持つ。　鉛筆を持つように握る。

図 3-1　スプーンの持ち方

出所：NPO法人みんなのお箸プロジェクト監修『発達に合わせて伝える子どものための食事マナー』メイト，2021年をもとに筆者作成。

3　1歳 6 か月～ 2 歳児未満頃

　離乳が完了し，幼児食へと移行していきます。乳歯が生えそろっていないので配慮は必要ですが，食材や調理法により，いろいろな食感や味覚を体験できるようにしましょう。個人差はありますがスプーンの使い方も上手になってきます（図 3-1）。お椀をもって，汁物を飲むことができるようにもなります。しかし，まだまだこぼすこともあります。見守りながら自分で食べる意欲を引き出しましょう。

4　2 歳児頃

　乳歯が20本生えそろってきますが，硬い食材はまだ噛み切れないので，食べやすく調理する必要があります。またスプーンを鉛筆握り（図 3-1）で持てるようになったり，片手を食器に添えるようになったりします。苦手な物を嫌がることもありますが，調理方法や味付け，雰囲気によって食べられることもあるので，「おいしそうな匂いだね」「少し食べてみようか」など，興味を持って食べられるように声をかけていきましょう。

5　3 歳児以降

　ほとんど 1 人で食べられるようになり，徐々に友達と一緒に食べることを楽しむようになります。また，箸を持てるようになり，食事内容に合った食具を使えるようになってきます。また，食事の準備や片付けにも興味を持ち始め，やってみようとします。保育者が正しい方法を見せながら，身に付けていけるようにしましょう。また，4 歳児頃から食事のマナーを身に付け始め，5 歳児頃には実践したり，決まりを理解して守ったりすることもできるようになります。一緒に食べる人へのマナーであることを伝えたり，作ってくれる人々への感謝の気持ちを持つことができるようにしたりしていきましょう。また，食に興味を持てるよう

な活動（食育活動）を取り入れていきましょう（第7章）。

３．睡眠——寝ることの発達と保育

　子どもが毎日をいきいきと暮らし，健やかな発達をとげるために，乳幼児期からの健康的な睡眠習慣形成がとても大切です。本節では，特に乳幼児期における睡眠の果たす役割と眠りの発達のプロセス，またそれらをふまえて保育で配慮すべきポイントについて説明します。

1　睡眠の役割

　睡眠は，心身の休息・生命や健康の維持・脳や身体の発達など極めて重要な役割を果たしており，子どもが毎日を健やかに生き，成長するための基盤として欠かせないものです。睡眠習慣は，食事・運動・排泄・環境と連動し影響しあって形成されます。近年，乳幼児期の睡眠の問題が，後の認知機能や情動や行動の問題・肥満や健康問題などと関連することが示され，発達早期の睡眠が健康な人生の源として注目されています。[4] 一方で，乳幼児（0〜36か月）を対象とした国際比較調査では，日本の子どもは参加17か国中最も睡眠時間が短く，就床時刻も遅いことが報告されています。[5] 現代の社会生活の変化（メディア機器の普及，夜間の光環境など）に伴い，夜型化の進行が懸念されています。

　遅寝や不規則な睡眠リズムにより子どもが睡眠不足に陥ると，日中の注意集中力の低下，疲れやすさ，眠気などの影響が生じます。乳幼児は眠気の自覚や表現が難しいため，食欲低下・不機嫌（ぐずり，イライラ）・多動性・衝動性・活動の切替え困難などの形であらわれ，昼間の生活を阻害します。小学校への円満な接続のために幼児期の終わりまでに育ってほしい姿として示された「健康な心と体」と「自立心」[6] を育むには，健やかな睡眠習慣の形成が肝要です。

2　睡眠の発達と保育

　乳幼児期は，睡眠―覚醒のリズムがめざましく発達します。新生児は，昼夜の区別なく排泄や哺乳のため寝たり起きたりを繰り返し（多相性睡眠），1日の睡眠時間は16時間ほどにものぼります。1か月を過ぎると，体内時計を調節するホルモンの「メラトニン」が分泌し始め，昼の覚醒・夜の睡眠というリズム形成が進み，明暗のある環境での生活により，3〜4か月頃には昼夜の区別がつきます。6〜9か月頃では食事（離乳食）という活動も加わり昼間の活動量が向上して，夜の睡眠時間はさら

（4）Huhdanpää, H., et al., Sleep difficulties in infancy are associated with symptoms of inattention and hyperactivity at the age of 5 years: A longitudinal study, *Journal of Developmental and Behavioral pediatrics*, 40（6）, 2019, p. 432.

（5）Mindell, J. A., et al., Cross-cultural differences in infant and toddler sleep, *Sleep Medicine*, 11（3）, 2010, pp. 274-280.

（6）文部科学省『幼稚園教育要項解説』フレーベル館，2018年，54-57頁。

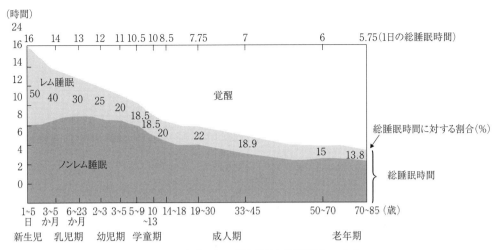

図3-2　年齢別の睡眠時間と睡眠構造の変化

出所：Roffwarg H. P., et al., "Ontogenetic development of the human sleep-dream cycle," *Science*, 152（3722）, 1966, pp.604-619をもとに筆者作成。

に増え，午睡が減っていきます。1歳頃には，昼間は起きて夜は眠るという24時間サイクルのリズムへと移行して午睡の時間が整っていき，1〜2歳頃では午睡が1回になる子どもが多くなります（二相性睡眠）。3〜4歳頃からは，次第に午睡を必要とせず夜のみ眠る子どもも増え（単相性睡眠），成人の睡眠パターンに近づきます。

　人の体内時計。脳の視交叉上核が朝の光を感知すると，体内時計がリ⁽⁷⁾セットされます。朝の光には脳内の神経伝達物質「セロトニン」の分泌⁽⁸⁾を高める働きもあり，光環境は重要な役割を果たしています。朝に光を浴びなかったり，夜に明るい光にさらされたりすると体内時計が乱れ，心身の不調につながります。体内時計と光環境の理解は，保育における習慣形成の促進に役立ちます。夜の眠りの際は寝室の暗さが重要ですが，午睡では真っ暗にする必要はないため，休息しやすい適度な明るさの午睡環境になるよう調節することが大切です。

　睡眠中の状態は，身体が休息する「レム睡眠」と脳が休息する「ノンレム睡眠」に大別され，その割合も発達に伴い変化します。新生児の眠りのおよそ半分はレム睡眠が占め，大人の割合の2倍ほどです（図3-2）。新生児がささいな物音や刺激で目覚めるのは，レム睡眠の割合が多いためといわれます。その後発達により割合が変化し，5歳頃にレム睡眠の割合は大人とほぼ同じになります。寝入って最初の深い睡眠の際，成長ホルモンが大量に分泌されます。成長ホルモンは，骨の形成・筋肉⁽⁹⁾の増加・免疫力強化や回復（新陳代謝促進，損傷した細胞の修復）など重要な働きを持ち，発育に不可欠です。レム・ノンレムの睡眠のサイクル

（7）体内時計
地球上の生物は，地球の自転による24時間周期の昼夜の変化に同調して，ほぼ1日周期で体内の環境を変化させる機能を持っています。人間では，体温やホルモン分泌などの身体機能において，およそ24時間のリズムを持つことがわかっており，これをサーカディアンリズム（概日リズム）と呼びます。サーカディアンリズムは，光や温度の変化がない条件下の安静状態でも認められるため，地球上の生物は体内に時計機構を持っていることが示され，これを体内時計（生物時計）と呼びます。人間では，朝の強い光は体内時計を早め，夜の強い光は体内時計を遅らせる作用があります。

（8）セロトニン
脳内の神経伝達物質のひとつで，ノルアドレナリン，ドーパミンのバランスを調整し，衝動性・攻撃性の抑制など精神を安定させる作用を持っています。規則正しい生活，光を浴びること，歩行・ダンス・咀嚼などのリズムのある運動により増加するとされます。

（9）神山潤『子どもの睡眠』芽生え社，2003年。

表3-1　年齢別　推奨される1日の総睡眠時間

	適切なことも	推奨される1日の睡眠時間 （年齢に対して適切な昼寝時間を含む）	適切なことも
0～3か月	11～13時間	14～17時間	18～19時間
4～11か月	10～11時間	12～15時間	16～18時間
1～2歳	9～10時間	11～14時間	15～16時間
3～5歳	8～9時間	10～13時間	14時間
6～12歳	7～8時間	9～11時間	12時間

出所：Hirshkowitz, Max, et al., "National Sleep Foundation's updated sleep duration recommendations," *Sleep Health*, 1(4), 2015, pp.233-243をもとに筆者作成。

も発達により変化し，新生児では1サイクルが40～50分ですが，5歳頃で大人とほぼ同じ90分になります。

　こうした発達的変化に加え，子どもによって必要な睡眠時間も異なります。米国国立睡眠財団（National Sleep Foundation）が推奨する1日の睡眠時間（表3-1）でも，3～5歳では10～13時間と幅があります。ただし，"適切なこともある"範囲を下回る（短すぎる），あるいは上回る（長すぎる）睡眠時間は推奨されません。乳幼児に必要な睡眠時間は成人よりも長いため，子どもに必要な眠りを確保できるよう，寝かしつけに関する意識と習慣の形成が重要です。

　生活習慣の上でも生理学的にも，睡眠は健やかな発育を支えています。「寝る子は育つ」の正しさが証明される一方，現代の社会は，早寝早起きが自然には身に付きにくい環境といえるかもしれません。睡眠の重要性に加えて，睡眠も発達すること，また睡眠にも個性があることを理解したうえで，一人一人に最適な睡眠習慣の形成を意識した関わりが求められます。乳幼児の睡眠習慣は家庭の影響が大きいため，睡眠の質・規則正しいリズム・十分な睡眠時間を確保できるよう，保育現場がリテラシーを持ち，家庭との連携を密にした支援が大切です。保育における指導のポイントについては，本書第6章で詳述します。

4．排泄——排泄することの発達と保育

　ここからは，排泄について見ていきましょう。

　排尿の習慣は1歳半を過ぎ，2時間以上あくようであれば，遊びに夢中になっていない時間を見計らってオマルに誘ってみる，座ると褒められる，たまたま出た時に一緒に喜び合う等の成功体験を積み上げることで身に付けていきます。自尊感情を大切に育む必要があるので焦らず，一人一人のペースに合わせながら進めていくとよいでしょう。

　排泄の習慣における課題としては二つあり，ひとつは家庭との連携で

す。紙おむつの進化と養育者の時間的・精神的余裕との関連から，園ではオムツを外せていても降園すると紙オムツのままという家庭が増えています。あるいは神経学的には成熟してきていて子ども自身も排尿のサインを出していても，積極的にパンツに切り替えようとしない家庭も見受けられます。園と家庭は生活の延長上にあり，園での成功体験と，家庭でも褒められ，励まされることでより成就感が強化されます。園での排泄の様子やオムツ外しの過程を丁寧に伝えていくことで家庭での取組につながるよう，園だよりや日誌等での発信していきたいものです。

　もうひとつの問題は便秘です。小学生の便秘を調査した日本トイレ研究所(10)によると，保護者が便秘の家庭の子どもはそうでない子どもの3倍便秘だといわれています。子どもの生活習慣は親の生活を映す鏡のようで，朝食欠食が多い保護者の子どもは同じように欠食率が高く，幼児の(11)遅寝をもたらす要因に保護者の就寝時刻が影響していることも指摘されています。(12)

　保護者自身の健康のためにも排泄の意識を変えていく試みは必要だと思われます。

　同時に幼児期の教育と小学校教育の接続を考える際に，この排泄の問題は「架け橋期」いわゆる幼小接続の大きな課題となってきます。

　文部科学省の「公立学校施設のトイレ状況調査結果」(令和2年度)(13)によると，幼稚園の洋便器率が75.8％なのに対し，小中学校は57％に留まっています。幼小接続で小学校訪問をしてもトイレを使いやすいと思える工夫はなかなかありません。いまだ「和式トイレを使えるように」と小学校側から要望されるケースもあると聞きます。せめて明るく清潔で臭いもなく，扉に可愛い絵が描いてあるなど接続への配慮をしていくべきだと思います。

5．衣服の着脱──衣服の着脱の発達と保育

　衣服の着脱に関わる身体機能の発育の方向性は頭尾，すなわち頭部に近い部分から身体の下部に向かって発育していきます。運動発達は眼球運動から手・腕，そして足の運動というように，また，首が据わりお座りができ，立って歩くというように発達していきます。一方，身体の中心から抹消に向かって成熟する近遠方向もあり，上腕の運動は指先の運動より先に発達がみられます。

　衣服の着脱は日々繰り返される習慣であるので，1歳前後からシャツを脱がそうとするとバンザイしたり，ズボンをはかせようとすると片足

(10) 日本トイレ研究所，https://www.toilet.or.jp/wp/wp-content/uploads/2017/11/activities02.pdf (2023年7月5日閲覧)。

(11) 文部科学省「平成30年度家庭教育の総合的推進に関する調査研究〜子供の生活習慣と大人の生活習慣との関係に関する調査研究〜」https://katei.mext.go.jp/contents2/pdf/H30_kateikyouikushien_houkokusyo.pdf (2023年7月5日閲覧)。

(12) 新小田春美ほか「幼児の遅寝をもたらす親子の睡眠生活習慣の分析」『福岡医学雑誌』2012年，103 (1)，12-23頁。

(13) 文部科学省「公立学校施設のトイレの状況について，公立学校施設のトイレの状況について（令和2年9月1日現在）」https://www.mext.go.jp/b_menu/houdou/mext_00334.html (2023年7月5日閲覧)。

を上げたりする姿が見られます。やがて手先・指先の巧緻性が発達するにつれ，自分でやりたがる姿が見られるようになります。ちょうど2～3歳の自我が芽生える時期でもあり，簡単にできる「シャツを脱ぐ」「座ってズボンに足を入れる」ところから始めるとよいでしょう。チャックやボタンなどは，誤飲などの安全に気を付けながら保育室の玩具として使われることも多く，日常生活用品での玩具づくりは物をシングルユースで終わらせないSDGsの理念にも合っています。

　3～4歳になると，一人でできることが増え，スモックを脱いだりパンツを履いたり，保育の流れの中で時々保育者の手助けを借りながら着替えをするようになります。ボタンがそろわなかったり靴の左右が逆だったり，まだまだ自立とはいかないが，自分でやろうとしたことやできたことをほめられることで挑戦意欲も高まっていきます。同時に少しずつ生活の流れがわかってくるので，登園したら体操服に着替える，友達と一緒に着替える等の場面を理解して行動に移せるようになります。

　5歳になると指先の巧緻性はさらに高まるので，ボタンやスナップ等も上手にはめられるようになります。マジックテープ等の普及により，衣服や靴の着脱は昔と比べれば楽になっている一方で，現代の生活の場に使われることが少なくなった紐結びはできる年齢が遅くなっているという指摘もあります。[14]衣服の着脱は，手先指先の巧緻性の発達をベースとして，慣れ親しむ体験の機会の多さに影響される領域でもあります。保育の場では遊びの中で楽しめる玩具・教材を用意できたらよいと思われます。

6．清潔——清潔の発達と保育

　清潔の習慣は手洗い，うがい，歯磨きの指導を中心に保育活動としておこなってきました。しかし，2020年に新型コロナウイルス感染症（COVID-19）が流行り始めて以来保育室の衛生管理は激変しました。当初は園内での感染を防ぐため，休園や登園調整の措置が取られました。厚生労働省も平成30（2018）年3月に「保育所における感染症対策ガイドライン」を発表していましたが，[15]新型コロナウイルス感染症が流行り始め，その対応に関しては，令和2（2020）年1月30日付けの「保育所等における新型コロナウイルスへの対応について」[16]で「新型コロナウイルスについては，日々状況が変化しているため，必要に応じて，最新の情報や追加的な留意事項を提供する場合がございます。」としながら，マスク着用，手洗い，アルコール消毒を求めています。保育の場では，

(14) 谷田貝公昭・高橋弥生著『データでみる幼児の基本的生活習慣』第2版，一藝社，2009年。

(15) 厚生労働省「保育所における感染症対策ガイドライン（2018年改訂版）」https://www.mhlw.go.jp/file/06-Seisakujouhou-11900000-Koyoukintoujidoukateikyoku/0000201596.pdf（2023年7月5日閲覧）。

(16) 厚生労働省「保育所等における新型コロナウイルスへの対応について」https://www.mhlw.go.jp/content/10900000/000598749.pdf（2023年7月5日閲覧）。

単なる手洗い・うがいではなく，遊具やテーブル，窓に至るまで，子どもが手を触れたもの，触れる可能性の高いものには徹底した消毒及び保育室や部屋の換気が求められるようになりました。以降何度も通達やFAQの知らせが届き，今なお保育の現場では消毒と感染防止対策に追われる日々となっています。

＜参考文献＞

西坂小百合監修『0 〜 6 歳　わかりやすい子どもの発達と保育のコツ』ナツメ社，2016年。

堤ちはる監修『図解でよくわかる新・食育ガイドブック』メイト，2018年。

第4章

乳幼児期の運動発達

　幼児期の神経系の発達は「6歳頃までに大人の約90%に達する」といわれています。この時期に多様な動きを経験できるように様々な運動遊びを行うことは，日常生活における必要な動きや防衛反応はもちろん，将来的にスポーツに結び付く動きなどを獲得する上でも重要です。

1．子どものからだの発達

　ヒトの身体の構造や機能は，絶えることなく変化を続けています。その変化の過程は，発育や発達，あるいは成長や成熟など様々な用語で表されています。身体の形態的な量的変化の過程を発育（growth），機能や能力，行動などの質的変化の過程を発達（development）と呼び，その両方を合わせて成長としてとらえていきます。発育と発達は，相互に作用しながら生体を組織化する関係となっているのです。

　特に，乳幼児期の運動発達は，脳神経の発達と密接に関連しています。ヒトの脳神経細胞の数は，約140億といわれています。新生児と成人の間に細胞数の差はありません。新生児の神経細胞は，成人に比べて未熟であるため運動の機能に差が出ます。

1　身体の成長

　一般的な身体の成長は，スキャモンの発育・発達曲線（図4-1）を用いて示すことができます。スキャモンの発育・発達曲線では，人間の器官別の発育・発達量が年齢によって異なることが示されています。

　特に運動発達において重要な役割を果たしているのが，脳と身体を結びつける神経細胞の発達（神経型）です。子どもは，全身を使った遊びや多様な動きの経験を通して発達していきます。神経型の発達が著しく動きの基礎を獲得していく5～8歳頃をプレゴールデンエイジ，複雑な動きの習得を即座に獲得していく9～12歳頃をゴールデンエイジと呼びます。

2　身体の発達の方向性

　身体や運動の発達には，一定の「順序性」と「方向性」が見られます。一定の順序に従って発達するという傾向があり，頭部から下肢の方向へ

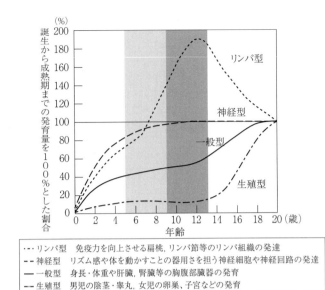

図4-1　スキャモンの発育・発達曲線

出所：Scammon, R. E., "The measurement of the body in childhood," In Harris, J. A., et al. (Eds)., *The Measurement of Man*, University of Minnesota Press, 1930 をもとに筆者作成。

と，身体の中心部から末梢部へと発達していきます（図4-2）。例えば，首が据った後にはお座りができ，その後にはつかまり立ちができるようになり，やがて一人歩きができるという順序です。しかし，発達の程度には個人差がありますので，同じ月齢や年齢であってもある部分の発達がゆっくりすすむ子どもや，はやくすすむ子どもなど，様々であることを理解しておく必要があります。

日常生活の中で行っている様々な動きの基礎は，乳幼児期に獲得していきます。乳幼児期に獲得される基本の動きを基にして，その先の様々な場面での動きの獲得につながっています。

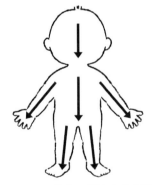

図4-2　発育・発達の方向性

3　原始反射から運動の獲得へ

新生児は，大脳の発達が未熟であるため，外界からの刺激に対して反射的な反応を示し，無意識に特定の筋肉などが動く運動（不随意運動）が起こります。これを「原始反射」といいます。しかし，月齢が進むにしたがって原始反射は徐々にみられなくなり，学習して動作を身につける随意的な運動（随意運動）ができるようになります。

主な原始反射には次のようなものがあります。

①哺乳反射

　新生児が母乳を飲むことができるのは，原始反射のうち以下に示す哺乳反射が備わっているからです。

①-1　探索反射（出生後から3か月頃まで）

　空腹時の新生児の頬に母親の乳房や指先が軽く触れたりすると，新生児は触れたものを探すようにその方向に顔を回して口を開きます。新生児の口角周辺部への軽い刺激によって確認することができます。

①-2　捕捉反射（出生後から3か月頃まで）

　新生児の頬や口に乳首が触れると，その方向に頭を回して唇と舌で捕まえようとします。新生児が乳首をくわえることができるは，この反射運動によるものです。

①-3吸啜反射（出生後から2〜5か月頃まで）

　捕捉反射によって乳首を口にすると，続いて吸う運動がおこり母乳を飲むことができます（図4-3）。この反射は妊娠32週ぐらいから現れ，胎内でも胎児自身の指が唇にふれると吸う運動がみられることがあります。

図4-3　吸綴反射

②把握反射（出生後から4〜6か月頃まで）

　新生児の手のひらに物がふれると強く握りしめます（図4-4）。

　足の裏を圧迫しても足の指で物を握ろうとしますが，足裏の把握反射が長く続くと，歩行障害をおこし，脳の障害が疑われます。

図4-4　把握反射

③バビンスキー反射（出生後から12か月頃まで）

　足裏をかかとから外側にそって強くこすると，足の親指が甲の方へ反り返り，残りの指が扇状に広がります。この反射がでなかったり，非対称にでたりするときは，異常があると判断されます。5歳以上になっても見られる場合は，中枢神経系の障害があると考えられます。

④自動歩行反射（出生後から2か月頃まで）

　新生児の脇の下を支えて身体を前に傾けると，足を交互に動かして，

歩くようなしぐさをします。

⑤モロー反射（出生後から 4 〜 6 か月頃まで）

　モロー（Moro, E. 1874-1952）によって報告された有名な反射です。耳元で大きな音や支えた頭を急に離すと，びっくりしたように両腕を前に突き出し，抱きつこうとします。この運動は，驚きや不安が生じたときにものに抱きつく防衛反応と考えられています。

⑥緊張性頸反射（出生後から 4 〜 6 か月頃まで）

　新生児が仰向けに寝ているとき，頭の向きを左右どちらかに回すと，顔が向いている方の手足を伸ばし，反対側の手足を曲げていることがあります。大脳の発達に伴い生後 4 か月を過ぎた頃から見られなくなる反応です。

4　粗大運動と微細運動

　運動の発達は，大きな筋肉を使った全身的な動きから，小さな筋肉を使った細かな動きへとすすんでいきます。

①粗大運動

　粗大運動とは，手足を動かしたり，寝返りをしたりなど，腕や脚，体幹の大まかな動き，大きな筋肉を使った全身的な動きのことをいいます。

　身体の移動に関する発達のはやさには，個人差がありますが，発達の順序は変わらないといわれています。

　乳幼児における移動運動の発達は以下のとおりです。

①腰を支えると座ることができるようになる（5 か月頃）。
②背を丸くして，両手をついて数秒間座ることができるようになる（6 か月頃）。
③背を伸ばして座ることができるようになる（7 か月頃）。
④両脇を支えると立つことができるようになる（8 か月頃）。
⑤つかまり立ちができるようになる（9 か月頃）。
⑥はいはい（四つ這い）ができるようになる（10 か月頃）。
⑦手を引けば歩くことができるようになる（11 か月頃）。
⑧家具などにつかまって立ち上がり，手を離して立つことができるようになる（12 か月頃）。
⑨数メートル以上歩くことができるようになる（1 歳 3 か月頃）。

　歩けるようになったばかりの乳児は，身体のバランスをとるために，腕を反射的に挙上して歩行します（ハイガード歩行）。また，左右の歩幅も広く取りながら歩行しますが，経験を積むことにより徐々に動きが洗練化され，歩幅は狭くなり，腕も下がってきます。平面での歩行が安定してくると，1歳6か月〜3歳までには，小さな障害物を乗り越えたり，階段の昇り降りができたりなど，より複雑な歩行が行えるようになります。

②微細運動

　微細運動とは，物をつかんだり，指先でつまんだりするなど，手や指などの小さな筋肉を使った細かな動きや作業のことをいいます。

　微細運動は，肩，腕や手掌，手指などの運動に関係していて，見た物をつかんだり，放したりすること，スプーンや箸などの道具を使えるようになることなどが観察されます。

　生後間もない新生児は，多くが軽く手を握っています。乳児が随意的に物をつかもうとするのは，おおよそ3か月頃から始まりますが，見た物をつかむことができるようになるのは，5か月頃になります。これは，目と手の協応動作が可能になったことを意味しています。

5　生活の中にある遊び

　乳幼児は，日常の生活の中での様々な経験が積み重なることによって，いろいろな動きを獲得していきます。例えば，物に触れ，なめたり，落としたり，投げたりすることを通してその性質を理解していきます。そしてそれに付随するように，触覚，視覚，聴覚，筋肉や関節などの身体を動かすことや環境に合わせて自らの身体を使うことを経験し体験的に動きを獲得していくのです。

　また，乳幼児期における遊びは，生活そのものであり，発育・発達には欠かせないものです。子どもは，遊びから育つともいわれ，自らの興味や関心，やってみたいという気持ちに惹きつけられながら遊びの世界を広げ，遊ぶことを通して冒険心や勇気を培ったり，友達と競い合ったり，協力する中で意欲や満足感を高めて，思いやりの心を育んでいくのです。

　このように子どもは，遊びの中で"生きる力の基礎"を培い，遊びという多様な体験から生きるうえで必要な学習を積み重ねていきます。子どもの遊びは，子どもの自由な発想や自発性に基づいて行われています。そしてそこには，発育・発達にとって重要な経験や動きが多く含まれて

いるのです。子どもは，自発的な遊びの中で，心と体を思いきり動かし，様々な体験を通して，すこやかな心と体の発達と，社会に適応できる能力を養っていきます。

　これまでにも述べた通り，身体機能が著しく発達する乳幼児期は，その機能を十分に使うことで，さらに発達が促されていきます。走ったり，跳んだり，投げたりといった運動的な遊びはもとより，人や物・自然など，様々な物に関わったり，触れ合ったりしながら，心身ともに充実した活動の経験が必要不可欠です。子どもの育ちを支える大人は，これらの豊かな遊びの経験が，「生きる力」の基礎を培う重要な点であることを理解しておく必要があります。

6　体を動かす遊び

　乳幼児期において，歩く，走る，跳ぶ等，体で遊ぶことは，すべての運動の基礎をなす重要な要素となります。子ども達は「体で遊ぶ」遊びによって，自分の体が「わかる」ようになり，やがて体の運動が「できる」ようになります。自分の体を通して，自分を確認することを経て，他者と関わるという経験ができる，という観点からも「体で遊ぶ」ことの意義があるのです。体を通して，他者・空間・環境などへの関わりの意識が生み出されていくのです。

①運動の発達

　乳児期（0～2歳頃）の子どもは，はいはいで自分の興味があるところへ向かって探索行動をするようになります。この時期は，探索行動自体が動きを経験する機会となっているため，周囲の大人は安全な環境を整え，その探索行動を見守ることが重要です。1歳前後になると，歩行による探索行動が見られるようになり，2つの手は，はいはいから解放されて，人や物への興味や関わりに応じて，手や指，腕を使った動きの発達につながっていきます。

　幼児期（3～5歳頃）になると，歩く・走る・跳ぶなどの粗大運動，ハサミや箸などの道具を使いこなす微細運動，ボールを投げる，転がすなどの操作をする動きを獲得し，自分の意志で運動をコントロールすることができるようになります。

　また，4歳頃からバランス力も向上し，安定性の高い運動が可能となり，異なる部位の異なる動きのタイミングを上手に合わせて動くことができるため，調整力も発達していきます。

表4-1　0～5歳児の運動能力の発達

0歳児

○原始反射支配から歩行の獲得へ

　反射歩行は消失しますが，歩行動作を表現する能力は「独立歩行」が出現するまで内在しています。

○上から下への姿勢の発達

　首の据わりから一人歩きまでの上から下への発達は，周囲の大人の働きかけによるものです。出生期には，かたまり運動とよばれる全身の無秩序な運動と局所の反射のみでしたが，ひとつの動きのまとまりとしての移動運動を身につけていきます。

○リズミカルな手と足の動き

　リズミカルに足で蹴る運動は5～6か月で，手を用いる運動は6～7か月で盛んになります。この動作が笑いと同時に表出されると（声をたてて笑いながら手足をリズミカルに動かす），乳児の喜びの表現となります。

1歳児

○歩く力をつける

　歩行が完成するこの時期は，歩くことが運動の中心となります。手を広げ，足の幅を広くしてロボットのようにぎこちなく第一歩を踏み出した子どもは，歩行の繰り返しのなかでなめらかさを身につけていきます。歩く機会を多くしましょう。

○いろいろなところを歩く

　普通の歩行が自由にできるようになると，子どもは高いところ，低いところ，細いところ，不安定なところを歩きたがります。変化のあるところを歩くことによって，身体のバランスのとり方や姿勢の制御を学んでいく時なので，いろいろなところを歩かせましょう。

○物を操作するスタートを

　1歳児も後半になると，いろいろな道具に触れたり，ボールを転がしたり蹴ったり，車を押したり，砂場でプリンを作ったりと，物を操作することが始まります。環境に自ら関わろうとする力が育つので，積極的にいろいろな物に触れてみましょう。

2歳児

○歩きから走りへ

　早足の歩きから，未熟ではあるが，走りの動作が出てくる時期です。歩く動作に近い走りであり，まっすぐ走ることは難しく，蛇行します。頭をほんの少し前に出し，手の振りはほとんどなく，歩幅は狭く，スピードもあまりでません。

○単一な基本運動の時期

　2歳は基本的運動のスタートの時期であり，走る，跳ぶ，登る，降りる，蹴る，投げる動作をまず単一動作（一つの動きのみを行う）として習得していきます。繰り返すうちに，ぎこちない動作からなめらかな動作に移行します。

○リズミカルな動きに同調する

　リズミカルな曲が聞こえると，この時期の子どもは，全身を揺らしたり，歩いたり，音に同調する動きをします。体を動かす楽しさは，曲に同調することによって倍増するようです。保育者も一緒に曲に合わせて体を動かしてみましょう。

3歳児

○走り，歩きが安定してくる

　個人差はあるが，移動運動の中で，歩く，走る，跳ぶが身体の成長と共に安定してきます。つま先やかかと歩き，曲に合わせて歩くことができるようになります。興味や関心などに誘導されながら目的地まで走って移動するなど，多様な歩きや走りを経験する時期です。

○跳ぶ動作を好む

　少し高いところから飛び降りる，水たまりを跳びこえる，ジャンプして物をつかまえる，片足ケンケンなど，跳ぶ動作を好む時期です。跳ぶ動作は，全身を使うダイナミックな動きで，運動量が多く，活動欲求の高まるこの時期の運動として最適でしょう。

○固定遊具で操作する力を育てる

　3歳児は固定遊具の遊びを好みます。おそるおそるだった子が，ブランコを思いっきり漕いだり，ジャングルジムの上の方でぶら下がったり，すべり台を大勢で滑っている姿をよく見受けます。自分の力，思いで物を操作できる喜びは，遊びを活発にします。

4歳児

○安定した走りに変化する

　　幼児は遊びから遊びへ移動する時や，道具を取りに行って戻る時など，走る動きを頻繁に行っています。また，ルールがわかり始める年齢なので，鬼ごっこが盛んになりますが，このような遊びを通して走る動作がしっかりしてきます。

○操作する動きが上手にできる

　　神経系の発達がめざましい乳幼児期は，動きの巧みさが高まります。道具を使いこなして遊びこめるのも，物を操作する動きが上手にできるからです。また，静的な遊びにも生き生きとした充実感があるのは，操作する動きが巧みだからです。

○多様な動きの中で動的なバランスが高まる

　　高いところへ登ったり，平均台の上を渡ったり，遊びの中で体の動きが活発になる4歳児の生活では，動いている中で体のバランスを巧みにとる力が高まります。

5歳児

○基本動作の完成

　　人間の生活に必要な基本的な運動技能がほぼ出そろいます。幼児の遊びには複数の動きが組み合わされて現われ，繰り返しにより基本動作として完成されます。幼児の運動技能は，遊びの中で経験する動きを通じて獲得されることが望ましいのです。

○運動嫌いの子どもが出現する時期

　　5歳児になると，より高い技能が必要とされる運動遊びが多くなります。できるものと，できないものがはっきりしてくるので，運動への好き嫌いが出やすい時期です。運動技能は，子どもの自由な発想や創造性から動きのレパートリーとバリエーションが生まれ，繰り返しの中で技能が身につき洗練化されていきます。そのため，動くことそのものの"心地良さ"や"できるようになっていく喜び"，運動に対する"興味"を失わないよう工夫をします。

出所：筆者作成。

②運動能力の発達

　幼児期に様々な運動を経験すると，それが洗練化されて運動能力が発達していきます。

　例えば，走運動であれば腕の振り幅が大きくなったり，歩幅が大きくなったり，投運動であれば，肩や腰の回転を伴ったダイナミックな投げ方に変わっていきます。その運動の発達に伴って，走運動なら走るスピード，投運動なら投げる距離も変化していきますが，この変化を運動能力の発達としてとらえることができます。

　運動能力の発達を年齢ごとにまとめてみます（表4-1）。

2．体力・運動能力の現状

　近年，日本では子ども達の体を動かす機会が減り，運動能力の低下が問題として多く取りあげられています。

　これらに加え，2020年度は，新型コロナウイルス感染症拡大防止のため，保育の現場では，幼児の外遊びを含め様々な活動を制限せざるを得ない状況におかれました。この活動制限が幼児の発育発達，運動発達にどのような影響を与えていたのでしょうか。特に緊急事態宣言が発令された約1か月半の期間は，幼稚園・保育所が休園したこともあり，家の中で過ごす時間が多く，その間の幼児の体にはこれまでとは異なる変化

表4-2　体格及び体力・運動能力調査結果平均値

性別	校種	学年	人数(人)	身長(cm)	体重(kg)	握力(kg)	上体起こし(回)	長座体前屈(cm)	反復横とび(点)	持久走(秒)	20mシャトルラン(秒)	50m走(秒)	立ち幅とび(cm)	ハンド(ソフト)ボール投げ(m)	体力合計点(点)	A判定	B判定	C判定	D判定	E判定
男子	小学校	第1学年	1,756	117.0	21.2	9.6	11.7	26.5	27.0		18.0	11.5	114.1	7.7	30.4	11.4	26.8	34.1	18.1	9.6
		第2学年	1,741	122.6	23.8	11.1	14.3	28.0	31.2		27.2	10.6	124.4	10.8	37.4	10.1	24.0	36.3	21.8	7.8
		第3学年	1,719	128.6	26.8	13.1	17.3	33.3	34.6		36.4	10.0	134.8	14.5	44.0	15.2	28.2	31.3	17.8	7.4
		第4学年	1,803	133.9	30.2	15.0	18.8	31.4	38.7		42.3	9.7	141.9	17.9	49.1	13.7	25.5	30.0	20.1	10.8
		第5学年	1,721	139.3	33.6	17.0	20.4	33.6	41.9		49.7	9.3	152.6	20.9	54.3	13.9	24.1	30.7	20.7	10.6
		第6学年	1,803	145.8	38.5	19.8	22.1	35.4	45.2		56.2	9.0	164.1	24.2	59.6	10.3	29.0	30.5	21.6	8.6
	中学校	第1学年	1,436	153.5	43.6	24.1	24.1	38.0	48.5	447.3	66.2	8.5	178.4	16.7	32.2	1.5	17.0	34.2	35.2	12.2
		第2学年	1,332	161.3	49.2	29.2	26.9	41.1	50.7	395.0	77.2	7.9	193.0	19.6	39.8	4.5	19.9	37.9	27.3	10.3
		第3学年	1,410	166.1	53.7	34.2	29.2	42.4	51.9	387.8	85.8	7.6	207.3	21.8	46.7	10.4	25.6	34.8	22.3	7.0
女子	小学校	第1学年	1,626	115.9	20.7	8.9	11.2	28.6	25.8		14.7	11.8	106.5	5.3	30.3	9.3	29.3	34.4	16.1	10.9
		第2学年	1,647	122.1	23.5	10.5	13.8	31.2	30.0		21.2	11.0	117.2	7.1	38.1	12.8	26.7	33.9	19.6	7.0
		第3学年	1,689	127.8	26.3	12.3	16.4	33.7	32.4		27.8	10.4	127.8	9.4	44.7	18.0	27.4	31.3	18.6	4.7
		第4学年	1,654	134.0	29.9	14.3	18.3	35.6	37.3		33.2	9.9	137.3	11.4	50.9	17.6	30.3	30.3	15.3	6.5
		第5学年	1,686	140.5	34.0	16.9	19.8	38.7	41.2		40.1	9.2	147.8	13.4	56.9	18.3	29.7	33.9	13.9	4.2
		第6学年	1,652	147.2	38.7	19.9	21.1	40.9	43.6		46.3	9.2	157.4	15.3	62.1	14.8	34.2	33.6	14.4	3.0
	中学校	第1学年	1,309	152.0	43.2	21.9	22.4	42.0	45.7	310.3	51.6	9.0	166.8	10.5	44.3	28.0	37.1	24.0	9.2	1.7
		第2学年	1,274	155.1	46.8	23.7	23.8	44.4	45.4	296.0	53.7	8.8	165.9	12.0	47.5	19.7	34.5	30.7	12.7	2.2
		第3学年	1,223	157.1	49.9	25.0	25.2	46.7	46.2	297.9	54.0	8.7	168.2	13.2	50.0	20.4	29.0	30.4	14.7	5.5

出所：「令和元年度東京都児童・生徒体力・運動能力，生活・運動習慣等調査（東京都）」をもとに筆者作成。

が生じているのが現状です。

1　幼児の体力

　体力（physical fitness）とは，防衛体力と行動体力を総合した能力をいいます。健康を脅かす外界の刺激に打ち勝って健康を保持していくための能力を防衛体力といいます。病気に対する抵抗力や，暑さや寒さに対する適応力，病原菌に対する免疫などがこれに含まれます。また，運動やスポーツをするときに必要とされ，身体を積極的に働かせる能力を行動体力といいます。

　表4-2は，東京都の令和元年度東京都児童・生徒体力・運動能力，生活・運動習慣等の調査結果です。

　さらに，平成20（2008）年から令和元（2019）年度までの運動能力の低下の推移を表したのが図4-5，4-6，4-7です。

　表と図からもわかる通り，児童・生徒の体力・運動能力は横這いもしくは低下しているのが現状です。

　幼児の体力・運動能力においても同様に低下しているのが現状です。

①多様な動きを含む遊びの経験が少なくなっている。

　・活発に体を動かす遊びが減っている。

　・体の操作が未熟な幼児が増えている。

　・自発的な運動の機会が減っている。

②体を動かして遊ぶ時間や環境が少なくなっている。

　・体を動かす機会が少なくなっている。

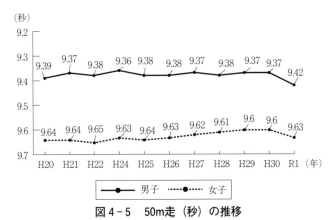

図4-5　50m走（秒）の推移

出所：「令和元年度東京都児童・生徒体力・運動能力，生活・運動習慣等調査（東京都）」をも
　　　とに筆者作成。

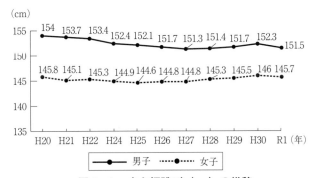

図4-6　立ち幅跳び（cm）の推移

出所：「令和元年度東京都児童・生徒体力・運動能力，生活・運動習慣等調査（東京都）」をも
　　　とに筆者作成。

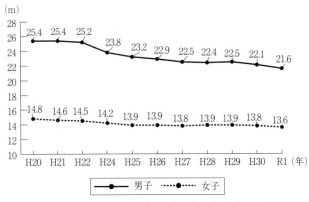

図4-7　ソフトボール投げ（m）の推移

出所：「令和元年度東京都児童・生徒体力・運動能力，生活・運動習慣等調査（東京都）」をも
　　　とに筆者作成。

　　　　・遊ぶための「サンマ」が減っている。

　　　　＊サンマ…３つの間（時間・空間・仲間）

　乳幼児期における運動の意義を挙げると以下の５つです。

①体力・運動能力の基礎を培う。

　　・運動を調整する能力や危険回避の基礎となる能力が向上する。

　　・姿勢を維持し体を支える力や運動を続ける能力が向上する。

　　・卒園後も活発に運動するようになる。

②丈夫で健康な体になる。

　　・健康を維持するための生活習慣が形成される。

　　・丈夫でバランスのとれた体になる。

③意欲的に取り組む心が育まれる。

　　・意欲的な態度や有能感を形成する。

④協調性やコミュニケーション能力が育つ。

　　・感情をコントロールし，友達と上手に遊べるようになる。

⑤認知的能力の発達にも効果がある。

　　・脳の発達を支え，創造力が豊かになる。

　これらのように，運動することで，体力・運動能力の基礎を培うだけでなく，丈夫で健康な体をつくることもできます。幼児にとって，運動すること，体を動かすことがいかに大切であるかを改めて考えてほしいものです。

2　幼児の運動能力①——子どもの発達を理解する手がかり

　走る・跳ぶ・投げるといった幼児の運動能力を測定するには，次のような項目があります。これらは，子どもの体力や運動発達を理解するための手がかりとして活用することができます。記録を向上させることを目的にするのではなく，これらの測定を手がかりに，園での遊びを工夫していくと良いでしょう。

①25m走（秒）

準備するもの
旗（スタート合図用1本），ゴールテープ，ストッ
プウォッチ，ライン引き

準備
・30mの直走路を作り，25mところに印をつけ，両
　サイドにタイム係りが立つ。
・30mのところをゴールラインとし，ゴール係り2
　人がゴールテープを張って持つ。

測定方法
・男児同士，女児同士，2人ずつ走る。
1．子どもは，スタートラインを踏まないようにし
　て，両足を前後に開き，「用意」の姿勢をとる。
2．スタート係りは，スタートラインの3〜5m斜
　前方に立ち「ヨーイ・ドン」の掛け声と同時に小旗を下から上にあげ，子どもはスタートする。
3．子どもは30mのゴールラインのところまで疾走する。

図4-8　25m走の準備と測定イメージ

写真4-1　「ヨーイ」

記録について
・旗が上がってから，25m地点を通過するまでの時間を，1/10秒単
　位で測る（1/100秒単位は切り捨てる）
・1回のみの測定。

その他の注意
・子どもたちの励みになるように，周りで応援するようにする。
・出発の合図の前にスタートした場合は，スタート係りは旗を上げ
　ないで止め，やり直す。
・スタートの補助係りは子どもの後ろに立ち，出発の合図の前にス
　タートしてしまう子には，服の背中をつまみ，合図と同時に放す。
　また，出発の合図に気付かない子には，背中を軽く押してもよい。

写真4-2　スタートの補助

写真提供：二階堂幼稚園（千葉県）。

②立ち幅跳び（cm）

準備するもの
メジャー（1.5〜2m），ビニールテープ（幅2cm），物差し

準備
・屋内の床に，ビニールテープで踏み切り線を貼り，そのテープに垂直にメジャーを張る。
・子どもは靴下などを脱いで，はだしになる。

測定方法
・子どもは，踏み切り線を踏まないようにして両足をわずかに離して立ち，両足で同時に踏み切り，できるだけ遠くへ跳ぶ。
・踏み切るときは，手を振って反動を利用する。

写真4-3　踏み切り

図4-9　跳び方と測定方法

記録について
・踏み切り線と着地した地点（踏み切り線に近い方の足の踵の位置）との最短距離をcm単位で測定する（cm未満は切り捨てる）。測定者は被験者の踵の位置が見やすいようにメジャーの横に立つ。物差しを用い，メジャーと垂直になった数値を測定値とする。
・2回測定し，よい方を記録する。

写真4-4　測定

その他の注意
・踏み切るときは，声をかけて励ます。
・二重踏み切りや片足踏み切りをしないように示範する。
・二重踏み切りや片足踏み切りはやり直しすることを伝える。
・着地では，静止させる必要はない。

写真提供：二階堂幼稚園（千葉県）。

③ボール投げ（m）（テニスボール投げ（m））

準備するもの
ソフトボール教育1号（周囲26.2～27.2cm，重さ136g～146g）2個以上，または硬式テニスボール（公認球：あまり古いものは不可）2個以上，メジャー，ライン引き

準備
・幅6mの制限ラインを引く。
・制限ラインから1m間隔で投球ラインを引き（15m～20m），間の50cmのところには短い印をつけておく。

測定方法
1．投げる手（利き手）と逆の足を前にして両足を前後に開き，前足が制限ラインを踏まないように立つ。（右手投げは左足が前になる）。
2．制限ラインを踏んだり踏み越したりすることなく，助走なしで，利き手の上手投げで遠くへ投げる。

記録について
・ボールの落下地点を確かめ，制限ラインからの最短距離を50cm単位で測定する（50cm未満は切り捨てる）。
・2回投げ，よい方を記録する。
・ボールが6mの幅から外れた場合はやりなおす。
・あらかじめ引いてある投球ラインを越えた場合には，メジャーを使って測定する。

図4-10　投げ方と測定方法

写真4-5　測定

その他の注意
・はじめに投げる様子を師範するとよい。
・足の開き方がどうしても平行になったり，逆になったりしていても無理になおす必要はない。
・その場で片足をあげて投げてもよい。ただし制限ラインを踏み越してはいけない。
・下に叩きつけるように投げる場合は，上に高く投げるよう促す。

写真4-6　投げ方を伝える

写真提供：二階堂幼稚園（千葉県）。

3　幼児の運動能力②──手がかりからのアプローチへ

　2020年度に，千葉県我孫子市二階堂幼稚園で春と秋に運動能力を測定しました。測定項目は，前述の①25m走（秒），②テニスボール投げ（m），③立ち幅跳び（cm）の３種目です。さらに，身長と体重を測定しました。

　運動能力を測定した結果は，以下の通りです（図4-11，4-12，4-13）。さらに，2020年度（コロナ禍）と，それ以前の子どもの運動能力を比べてみました。

　対象は，2018年度，2019年度に幼稚園を卒園した子どものうち，４歳児・５歳児の２年間，春・秋と計４回の測定結果の揃う子ども139名（これを例年群としました），2020度の５歳児で測定結果の揃う子ども72名（これを2020年群としました）です。

　解析方法は，対象者全員における，年齢に応じた各項目結果の変化と，５歳児の測定が新型コロナウイルス感染拡大前の群（例年群）と，コロナ禍の群（2020年群）を比較しました。

　25m走での例年群は，４歳児・春から５歳児・秋にかけて段階的にタイム短縮（$7.5 \pm 0.9 \to 7.1 \pm 0.8 \to 6.4 \pm 0.7 \to 6.1 \pm 0.6$秒）したのに対して，2020年度群は４歳児・春から５歳児・春までは例年群と同じようなタイム短縮であったにもかかわらず，５歳児・春から秋にかけてのタイム短縮が見られませんでした（$7.4 \pm 1.1 \to 7.0 \pm 0.8 \to 6.3 \pm 0.7 \to 6.3 \pm 0.7$秒）。また，同様の傾向は立ち幅跳びでも認められました。テニスボール投げでは，例年群と2020年度群に変化はみられませんでした。

　同時に，幼児の形態についても計測し，比較してみました。

　身長においては，例年群，2020年群ともに４歳児・春約110cmから５歳児・秋約113cmでほぼ同程度の成長でしたが（図4-14），５歳児・春から秋にかけての体重（図4-15）は，例年群は1.1kgの増加に対して，2020年度群は1.5kgの顕著な増加がありました（例年群：$18.4 \pm 2.9 \to 19.5 \pm 3.1$kg，2020年群：$18.6 \pm 2.2 \to 20.1 \pm 2.4$kg）。

　子どもの発達を理解する手がかりとしての運動能力測定結果は，新型コロナウイルス感染拡大に伴う日常生活の変化が，幼児の運動発達や発育・発達に影響した可能性を示しています。

　幼稚園教育要領の中の健康には，内容の中に「（2）いろいろな遊びの中で十分に体を動かす」とあります。子どもには，いろいろな遊びの中で，十分に体を動かしてほしいものです。

　先にも述べたように，これらの測定は，子どもの体力や運動発達を理解するための手がかりとして活用することができます。記録を向上させ

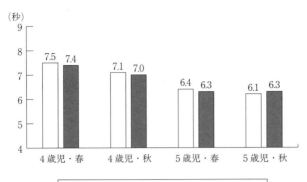

図 4 −11　25m走の比較

出所：筆者作成。

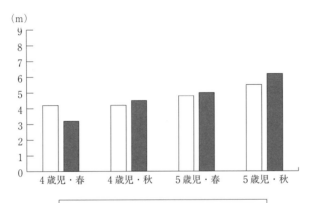

図 4 −12　テニスボール投げの比較

出所：筆者作成。

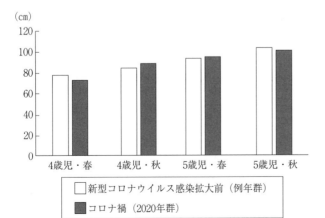

図 4 −13　立ち幅跳び

出所：筆者作成。

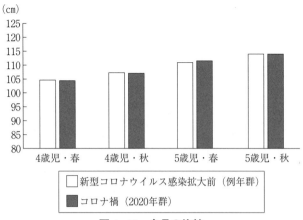

図4-14　身長の比較

出所：筆者作成。

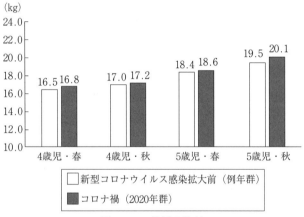

図4-15　体重の比較

出所：筆者作成。

ることを目的にするのではなく，これらの測定を手がかりに，園での遊びを工夫していくことが大切です。例えば，保育者は，テニスボール投げの測定結果から，"全身を使い投げる動き"を日々の遊びの中に取り入れ動きを獲得できるようになって欲しいという視点を持つことができるでしょう。このような視点は，"全身を使い投げる動き"に繋がる「新聞紙合戦」「めんこ」や「紙飛行機」を使った遊びを提案するなど，一斉活動や子どもが思い思いに遊ぶ自由な遊びの中に，子ども自身が取り入れられるように環境や関わりを工夫していくことに繋がります。子どもがいろいろな遊びの中で十分に体を動かすことができるよう，子どもの遊びの創造性と獲得させたい運動技能を結びつけながら，子どもの遊びを支えていくことが求められます。

　さらに，その先の接続・系統をみると，小学校学習指導要領の中の

「体つくり運動」においては，「多様な動きをつくる運動」の中に，「基本的な体の動きや多様な動きを身に付けたり，動きの質を高めたりすることをねらいとする」と掲げられています。

　これらのことを念頭に置き，今後これまでにも増して，子どもたちへの運動遊び等，運動発達へのアプローチが求められます。

第5章

乳幼児期の安全

子どもにとって遊びは生活そのものであり，遊ぶことが子どもにとっては仕事です。その遊び
は危険と隣り合わせであり，遊びを通して子ども達は危険に対する様々な対処方法を学んでいき
ます。本章では，子どもの事故やけがの要因，保育現場で実施されている安全教育や安全管理に
ついて学んでいきます。

1. 子どもの事故・けがの要因

　幼稚園・幼保連携型認定こども園・保育所等の管理下での事故事例を
通して，子どもの事故の実態や子どものけがの発生要因を把握し，事故
を未然に防ぐ対応策を確認していきます。

1　子どもの事故

　厚生労働省「人口動態統計」（2022年9月16日公開）の2021年死因（死
因年次推移分類）別にみた性・年齢（5歳階級）・年次別死亡数及び死亡
率（人口10万対）を確認すると，0〜4歳の死因1位は不慮の事故，2
位は悪性新生物（腫瘍），3位は心疾患（高血圧症を除く）です。5〜9
歳の死因1位は悪性新生物（腫瘍），2位は不慮の事故，3位は交通事
故です（表5-1）。

2　子どもの死亡事故

　子どもの死亡事故は，不慮の事故，窒息，交通事故，溺死・溺水等が
原因で死亡事故が発生しています。不慮の事故による要因別にみた年齢
別死亡数を確認していくと，0歳では，窒息や誤えん，1〜4歳では，
溺死及び溺水，交通事故や窒息，5〜9歳では，交通事故や溺死及び溺
水で死亡しています（表5-2）。

　独立行政法人日本スポーツ振興センターでは，幼稚園・幼保連携型認
定こども園・保育所等の管理下における災害に対し，災害給付を行って
います。平成17年度から令和3年度に死亡見舞金（令和5年2月1日時
点）を給付した死亡事故事例を確認すると，幼稚園・幼保連携型認定こ
ども園・保育所等で発生した死亡事故は74件であり，年齢別に見ていく
と，0歳・1歳・2歳・3歳・4歳・6歳では突然死，5歳では溺死が
1番多い死亡事故でした（表5-3）。

表 5-1　年齢別死因

	死因　1 位	死因　2 位	死因　3 位
0 ～ 4 歳	不慮の事故 （111件）	悪性新生物（腫瘍） （63件）	心疾患（高血圧症を除く） （58件）
5 ～ 9 歳	悪性新生物（腫瘍） （88件）	不慮の事故 （45件）	交通事故 （19件）

出所：e-Stat 政府統計の総合窓口「人口動態調査 人口動態統計 確定数 死亡 上巻 5-15 死因（死因年次推移分類）別にみた性・年齢（5 歳階級）・年次別死亡数及び死亡率（人口10万対）」2021年，https://www.e-stat.go.jp/stat-search/files?page=1&layout=datalist&toukei=00450011&tstat=000001028897&cycle=7&year=20210&month=0&tclass1=000001053058&tclass2=000001053061&tclass3=000001053065&stat_infid=000032235946&result_back=1&tclass4val=0（2023年 7 月26日閲覧）をもとに筆者作成。

表 5-2　不慮の事故による死因別にみた年齢別死亡数

	死因　1 位	死因　2 位	死因　3 位
0 歳	不慮の窒息 （56件）	胃内容物の誤えん 嚥吸引 （21件）	詳細不明の窒息 （7件）
1 ～ 4 歳	不慮の溺死及び溺水 （13件）	交通事故 （12件）	不慮の窒息 （11件）
5 ～ 9 歳	交通事故 （19件）	不慮の溺死及び溺水 （15件）	自然の水域内での及び自然の水域への転落による溺死及び溺水 （9件）

出所：e-Stat 政府統計の総合窓口「人口動態調査 人口動態統計 確定数 死亡 表番号 5-31 不慮の事故による死因（三桁基本分類）別にみた年齢（5 歳階級）別死亡数・百分率」2021年，https://www.e-stat.go.jp/dbview?sid=0003411675（2023年 7 月26日閲覧）をもとに筆者作成。

表 5-3　幼稚園・幼保連携型認定こども園・保育所等における死亡事故数

	突然死	窒息	内臓損傷	打撲	頭部外傷	溺死	その他	合計(件)
0 歳	8	1	0	0	0	0	0	9
1 歳	16	4	0	0	2	0	0	22
2 歳	6	2	0	0	0	0	0	8
3 歳	4	2	0	0	0	0	1	7
4 歳	5	4	3	1	0	1	1	15
5 歳	1	0	0	0	1	4	0	6
6 歳	3	1	0	0	1	1	1	7

出所：独立行政法人日本スポーツ振興センター 災害共済給付Web「学校等事故事例検索データベース 死亡見舞金」https://view.officeapps.live.com/op/view.aspx?src=https%3A%2F%2Fwww.jpnsport.go.jp%2Fanzen%2FPortals%2F0%2Fanzen%2Fshien%2Fsibou（2023.02.01).xlsx&wdOrigin=BROWSELINK（2023年 5 月18日閲覧）をもとに筆者作成。

　実際にどのような死亡事故が発生しているのか，事例を見ていくと次の通りです。

＜死亡事故の事例＞

保育園　０歳　女児　大血管系突然死

午睡中，呼吸をしていないように見えたので身体を抱き起こして確認したところ，ぐったりして反応がなく，病院に救急搬送されたが，同日死亡した。

幼稚園　３歳　男児　頭部外傷

家族参観日に屋上に出た際，フェンスに立てかけてあった強化プラスチック製の子供用プールによじ登ったところ，プールが倒れてきて下敷きになり，頭部を強打する。受傷後，すぐに救急車で病院に搬送，手術を受け入院治療を続けていたが，数十日後に死亡した。

出所：独立行政法人日本スポーツ振興センター　災害共済給付Web「学校等事故事例検索データベース　死亡見舞金」https://view.officeapps.live.com/op/view.aspx?src=https%3A%2F%2Fwww.jpnsport.go.jp%2Fanzen%2FPortals%2F0%2Fanzen%2Fshien%2Fsibou(2023.02.01).xlsx&wdOrigin=BROWSELINK（2023年5月18日閲覧）。

３　子どものけが

　学校の管理下で発生した災害の基本統計をまとめている日本スポーツ振興センターの令和4年版の負傷・疾病の概況を確認していくと子どものけがの詳細は次の通りです。

①けがにおける性差

　幼稚園・幼保連携型認定こども園・保育所等のけがにおける性差を確認したところ，男児の方が多くけがをしています（表5-4）。

②保育中のけがの種類

　保育中に発生したけがの種類を確認していくと，幼稚園・幼保連携型認定こども園・保育所等共に「挫傷・打撲」のけがが1番多く発生しています。続いて，幼稚園では「骨折」，幼保連携型認定こども園・保育所等では「脱臼」が2番目に多く，3番目は3施設共に「挫創」です（表5-5）。

③園舎内のけがの発生場所

　園舎内のどのような場所でけがが多く発生しているのか確認していくと，幼稚園・幼保連携型認定こども園・保育所等共に「保育室」でのけがが1番多く発生しています。続いて「遊戯室」「廊下」の順にけがが

表5-4　負傷における性差　　　（人）

区　分	負　傷		
	男	女	合　計
幼　稚　園	9,175	5,969	15,144
幼保連携型認定こども園	9,961	6,499	16,460
保　育　所　等	24,705	16,248	40,953

出所：独立行政法人日本スポーツ振興センター「学校の管理下の災害
[令和4年版]」帳票1-1「学校種別，負傷・疾病別件数表」をもと
に筆者作成。

表5-5　保育中のけがの種類　　　（人）

区　分	保育中の負傷														
	挫傷・打撲	脱臼	挫創	骨折	裂創	捻挫	擦過傷	切創	刺創	歯牙破折	靱帯損傷・断裂	割創	熱傷・火傷	その他	合計
幼稚園	5,067	1,996	2,034	2,547	790	943	356	502	223	163	89	64	45	11	14,830
幼保連携型認定こども園	5,493	2,838	2,201	2,005	1,021	853	703	539	278	177	77	75	47	10	16,317
保育所等	13,095	7,804	5,865	4,268	2,377	1,923	2,293	1,300	722	464	163	144	107	32	40,557

出所：独立行政法人日本スポーツ振興センター「学校の管理下の災害［令和4年版］」帳票9-5，9-6，9-7「場合別，負傷・疾病
の種類別件数表」をもとに筆者作成。

表5-6　園舎内のけがの発生場所別割合　　　（人）

区分	園内（園舎内）												
	保育室	遊戯室	廊下	体育館・屋内運動場	便所	ベランダ	階段	昇降口	講堂	屋上	実験実習室	その他	合計
幼稚園　保育中	4,790	896	892	471	217	157	336	233	88	16	3	123	8,222
幼保連携型認定こども園　保育中	7,469	1,064	744	443	279	148	222	199	117	67	2	140	10,894
保育所等　保育中	20,375	2,386	1,484	440	585	613	356	480	252	199	6	228	27,404

出所：独立行政法人日本スポーツ振興センター「学校の管理下の災害［令和4年版］」帳票5-5，5-6，5-7「場合別，場所別件数表
園舎内」をもとに筆者作成。

表5-7　遊具別のけがの発生割合　　　（人）

区　分	すべり台	総合遊具・アスレティック	鉄棒	砂場	雲てい	ジャングルジム	ぶらんこ	登り棒	固定タイヤ	回旋塔	シーソー	遊動円木	その他	合計
幼稚園	610	658	504	313	368	238	201	104	43	9	15	6	1,139	4,208
幼保連携型認定こども園	466	603	379	387	295	138	127	60	30	16	8	11	1,166	3,686
保育所等	1,054	855	871	895	428	398	209	136	100	7	7	7	2,595	7,562

出所：独立行政法人日本スポーツ振興センター「学校の管理下の災害［令和4年版］」帳票10-5，10-6，10-7「場合別，体育用具・遊
具別件数表」をもとに筆者作成。

多く発生しています（表5-6）。

④遊具別のけが

　保育中にどのような遊具でけがが発生しているのか確認していくと，
幼稚園・幼保連携型認定こども園では，「総合遊具・アスレティック」，
保育所等では，「すべり台」でのけがが1番多く発生しています。続い
て，幼稚園・幼保連携型認定こども園では「すべり台」，保育所等では
「砂場」，3番目は幼稚園・保育所等では「鉄棒」，幼保連携型認定こど
も園では「砂場」です（表5-7）。

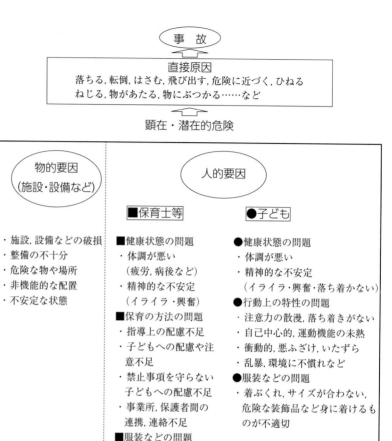

図 5-1　事故の要因

出所：福岡市『小規模保育事業等運営管理の手引「安全管理」』2018年，2頁。

4　子どもの事故やけがの要因

　園では様々な事故やけがが起きますが，その要因を大きく分けると，子どもの身のまわりにある施設や設備，遊具，用具といった物的要因と，子どもの行動や保育者等の子どもへの働きかけといった人的要因に分けることができます（図5-1）。

　さらに細かくみていくと，①子どもの体調や心身の状態，②危険な環境，③危険な行動，④危険な服装，⑤天候や気温・室温が事故やけがの要因として考えられます。以下，各要因と対応策について述べていきます。

①子どもの体調や心身の状態	
要因	・体調が優れない ・睡眠不足 ・空腹 ・疲れが溜まっている ・遊びに夢中になりすぎている ・叱責後　など
対応策	・登園時，子どもの様子を良く確認する（顔色，体温など） ・登園時，保護者に自宅での様子を確認する（食欲，機嫌など） ・遊びに夢中になりすぎている様子が見受けられた際には意図的に声をかけたり，水分補給を行うなど，身体を休める時間を作るようにする ・叱責後については，本人の様子を定期的に確認することを心掛ける

②危険な環境	
要因	・暗い，狭い，広すぎるなどの環境 ・障害物となるものがある ・死角となる場所が多い ・発達年齢に適していない固定遊具等で遊ぶ　など
対応策	・園内の環境を「日常の安全点検」「定期の安全点検」「臨時の安全点検」などの点検を実施すること ・子どもの動線を確保すること ・子どもの目線で環境を確認すること ・発達年齢に合わせた環境を設定すること ・子どもの遊ぶ場所に障害物を置かないこと

③危険な行動	
要因	・約束事（ルール）を無視した行動 ・自己中心的な行動 ・発達年齢に適していない固定遊具等で遊ぶ　など
対応策	・言葉だけでなく，日常的に遊びを通して約束事（ルール）の確認を行う ・危険な行動が見られた際には，重点的に安全指導を実施することも効果的である ・声や目や手が届く位置で保育者が見守ること ・子ども達が危険を発見する能力を身に付ける ・子ども達が危険を予測する能力を身に付ける

④危険な服装	
要因	・紐のついている洋服を着用している ・防寒対策として洋服を着用しすぎている ・露出の多い服装を着用している ・履物が脱げやすい ・水筒や鞄などをぶら下げて遊んでいる　など
対応策	・保護者と連携し，紐のついている服装やサイズの合っていない履物などは着用しないようにする ・子どもの遊びに適している服装を心掛ける ・水筒や鞄など，遊ぶ際に不必要なものは身に付けて遊ばないように指導する

⑤天気や気温・室温	
要因	・晴れの日…熱中症，光化学スモッグ，日射によるステンレスやスチールなどの表面によるやけど ・雨の日…床や遊具などが雨により濡れ，滑りやすくなっている状況
対応策	・天気や気温を考慮し，危険が予測される場合には，室内で活動を行う ・気象庁などの警報などを確認し，必要な対応を行う ・雷の音が聞こえた場合，遠くに感じた場合でも室内へ入り，窓などを閉める

　ただし，これらの要因はいつも目に見える形（顕在危険）で現れると
は限りません。目に見えない形（潜在危険）で存在していることもあり
ます。例えば，床に画鋲が落ちていれば，踏んでけがをしてしまうこと
は容易に想像できます。一方，老朽化した遊具は，強度・耐久性の不足，
目に見えない亀裂・ゆるみ・破損等があったとしても一見した限りでは
分からないものです。しかし，使っている最中に壊れてしまった場合，
大きな事故やけがにつながりかねないことはわかると思います。

　園においては，こうした事故を誘発する要因がないかどうかを常に点
検し，必要に応じて安全対策を講じながら，事故やけがの防止に努める
ことが大切です。

【Work】

①保育現場で想定される安全教育の内容を具体的に挙げてみましょう。

②園庭ではどういった事故やけがが予想されるのか，またそれを防ぐた
　めにはどうすればいいのか考えてみましょう。

2．安全教育と環境管理

　子どもたちが，幼稚園・幼保連携型認定こども園・保育所等で安心・
安全に過ごすために，保育者は常に乳児や幼児の安全確保に努めなけれ
ばなりません。園生活を健やかかつ安全に過ごすために，日々の園生活
の中で保育者はどのような安全教育及び安全管理に努めなければならな
いのか，確認していきます。

1　安全に関する指導の法令等

　幼稚園・保育所・幼保連携型認定こども園における安全に関する指導
の根拠となる法令等について確認していきます。

①学校保健安全法（昭和33年法律第56号）

　学校保健安全法第26〜30条において，学校安全に関する規定が定めら
れています。第27条では，「学校においては，児童生徒等の安全の確保
を図るため，当該学校の施設及び設備の安全点検，児童生徒等に対する
通学を含めた学校生活その他の日常生活における安全に関する指導，職
員の研修その他学校における安全に関する事項について計画を策定し，
これを実施しなければならない。」と示されています。

幼稚園等においては，学校保健安全法に基づき，学校安全計画策定が義務付けられています。必要的記載事項の内容は，①幼稚園等の施設設備の安全点検，②乳児や幼児等に対する通園を含めた園生活その他の日常生活における安全指導，③教職員に対する研修，の3事項が位置付けられています。

②幼稚園教育要領

平成29（2017）年告示の幼稚園教育要領では，第1章総則　第3教育課程の役割と編成等　4教育課程の編成上の留意事項（3）に，「幼稚園生活が幼児にとって安全なものとなるよう，教職員による協力体制の下，幼児の主体的な活動を大切にしつつ，園庭や園舎などの環境の配慮や指導の工夫を行うこと。」と示されています。さらに，第2章ねらい及び内容　健康　3内容の取扱い（6）において，「安全に関する指導に当たっては，情緒の安定を図り，遊びを通して安全についての構えを身に付け，危険な場所や事物などが分かり，安全についての理解を深めるようにすること。また，交通安全の習慣を身に付けるようにするとともに，避難訓練などを通して，災害などの緊急時に適切な行動がとれるようにすること。」と示されています。

③保育所保育指針・幼保連携型認定こども園教育・保育要領

平成29（2017）年告示の保育所保育指針では，第2章保育の内容　3　3歳以上児の保育に関するねらい及び内容　（2）ねらい及び内容　ア健康（ウ）内容の取扱い⑥に，幼保連携型認定こども園教育・保育要領では，第2章ねらい及び内容並びに配慮事項　第3満3歳以上の園児の教育及び保育に関するねらい及び内容　健康　3内容の取扱い（6）において，幼稚園教育要領と同様の内容が示されています。

第3章健康及び安全の第3環境及び衛生管理並びに安全管理では，①環境及び衛生管理，②事故防止及び安全対策，第4災害への備えでは，①施設・設備等の安全確保，②災害発生時の対応体制及び避難への備え，③地域の関連機関等との連携に関する内容が示されています。

このように，幼稚園・保育所・幼保連携型認定こども園における安全に関する指導については，乳幼児一人一人の発達段階を考慮したうえで，遊びや園生活を通して，日常的・重点的に指導を行っていくことが重要です。

2　学校安全の領域

　学校安全の領域は，「生活安全」「交通安全」「災害安全」の3つの領域に分類することができます。各領域の内容及び各領域に応じた安全教育の具体的な内容は次の通りです。

①「生活安全」

　生活安全は，幼稚園，保育所，幼保連携型認定こども園，家庭，地域等の様々な日常生活の中で十分に体を動かし，遊びを通して危険な場所，危険な事物，事件の状況などがわかり，そのときとるべき最善の行動について体験を通して学び取っていくことです。

＜安全教育の具体的な内容＞

・各場面における危険の理解と安全な行動の仕方

・事故発生時，近くの大人に伝えることができる

・知らない人にはついていかない（誘拐や傷害などの犯罪に対する適切な行動）

・避難方法や避難場所についての理解

②「交通安全」

　交通安全とは，その習慣を身に付けるために，日常生活を通して，交通上のきまりに関心をもたせるとともに，家庭と連携を図りながら適切な指導を具体的な体験を通して繰り返し行っていくことです。

＜安全教育の具体的な内容＞

・交通上のきまりに関心をもち，きまりを守る力を身に付ける。

・道路の歩行や横断方法等の理解と安全な行動の仕方を身に付ける。

・踏切での危険の理解と安全な行動の仕方を身に付ける。

・自転車の正しい乗り方を理解する。

・二輪車の特性の理解と正しい乗り方を理解する。

・自動車の特性の理解と乗車時の安全な行動の仕方を理解する。

・交通安全教室などへ参加し，実践を行う。

③「災害安全」

　災害発生時に適切な行動が取れるように，日頃から避難訓練を通して，基本的な対処方法を発達の実情に応じて伝えていくとともに，家庭，地域社会，関係機関と連携して，乳幼児の安全を確保していくことです。

＜安全教育の具体的な内容＞

・火災発生時における危険の理解と安全な行動の仕方を身に付ける。

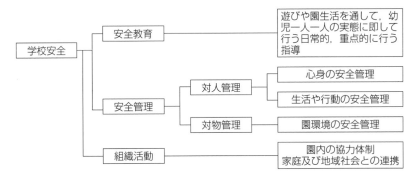

図5-2　学校安全の体系

出所：神長美津子・田代幸代『保育・教職実践演習学びの軌跡の集大成を目指して』光生館，2021年，112頁。

・地震・津波発生時における危険の理解と安全な行動の仕方を理解する。
・火山活動における災害発生時の危険の理解と安全な行動の仕方を身に付ける。
・風水（雪）害，落雷等の気象災害や土砂災害発生時の危険の理解と安全な行動の仕方を身に付ける。
・各災害に応じた避難方法や避難場所について理解する。

3　学校安全の体系

　学校安全の体系は，文部科学省「『生きる力』を育む学校での安全教育（2019年）」に示されている通り，「安全教育」「安全管理」「組織活動」の3つの柱で構成されています（図5-2）。

①安全教育とは

　幼稚園・保育所・幼保連携型認定こども園における安全教育は，遊びや園生活を通して乳幼児等の一人一人の実態に即して，日常生活の場面で，危険な場所，危険な遊び方などがわかり，安全な生活に必要な習慣や態度を身に付けることができるようにすることです。また，災害時などの行動の仕方については，教職員や保護者の指示に従い行動できるようにするとともに，危険な状態を発見した時には教職員や保護者など近くにいる大人に伝えることができるように日常的・重点的に行う取り組みです。

　幼稚園・保育所・幼保連携型認定こども園における安全教育の目標としては，日常生活の場面で，危険な場所，危険な遊び方などがわかり，安全な生活に必要な習慣や態度を身に付けることができるようにすることです。また，災害時などの行動の仕方については，教職員や保護者の

指示に従い行動できるようにするとともに，危険な状態を発見した時は教職員や保護者等近くの大人に伝えることができるようにすることが目標です。

②安全管理とは

　幼稚園・保育所・幼保連携型認定こども園は，保護者が安心して子どもを預けられ，子どもが生き生きと活動し，安全で健康に過ごせる場所でなければなりません。しかし，事故や事件，災害といった危機は，人の行動や周囲の環境との関わりによって生じるものであり，いつどこで発生するかわからないものです。

　園における安全管理は，事故の要因となる園の環境や園生活での幼児の行動等による危険を早期に発見し，それらを速やかに除去するとともに，万一，事故等が発生した場合に備え，適切な応急手当や安全措置ができる体制を整え，子どもの安全の確保を図ることです。[1]

　保育者は，安全な教育・保育環境を確保するため，子どもの心身の状態や行動を踏まえつつ，施設・設備・用具等の安全点検に努めるとともに，安全対策のために教職員の共通理解や体制づくりを行い，家庭や地域の関係機関との協力の下に安全指導を行うようにしなければなりません。

　事故防止の取組を行う際は，特に，睡眠中，プール活動・水遊び中，食事中等の場面では重大事故が発生しやすいことを踏まえ，子どもの主体的な活動を大切にしつつ，園内外の環境の配慮や指導の工夫を行うなど，必要な対策を講じるようにします。また，保育中の事故の発生に備え，園内外の危険箇所の点検や訓練を実施するとともに，外部からの不審者等の侵入防止のための措置や訓練など不測の事態に備えて必要な対策を行うことも必要になります。

　なお，重大事故を防ぐためには，教育・保育環境にある様々な危険を取り除く必要がありますが，安全を意識し過ぎてしまうことにも注意が必要です。安全を第一に考え，小さな危険まで排除してしまうと，子どもたちの経験の幅が狭くなり，自ら危険を回避しながら安全に行動する力や判断力を養う機会も失われてしまいます。そのため，安全管理を行う際は，子どもの発達段階を踏まえつつ，安全教育と安全管理のバランスを考えながら行うことが大切です。

＜安全点検＞

　安全な教育・保育環境を確保するためには，具体的な点検項目を記し

（1）文部科学省『学校安全資料「生きる力」をはぐくむ学校での安全教育』2019年，11頁。

たチェックリストを作成し，施設，設備，遊具，玩具，用具，園庭等を定期的に点検するようにしなければなりません。

　特に，遊具の不具合は大きな事故につながる可能性が高いことから，遊具の破損，腐食，老朽化等がないか定期的に点検を行い，点検後は速やかに情報を共有し，教職員間で共通理解を図るようにします。また，遊具の周辺に事故につながるような危険がないかを確認し，子どもが遊ぶ前に除去しておくことも大切です。なお，遊具の点検に当たっては，遊具の安全基準や規格等を熟知しておくとともに，専門技術者による定期点検を実施することが重要です。

　保育室，階段，廊下，園庭は子ども達がよく使う場所のため，安全な環境づくりが求められます。

　保育室では，ロッカーや棚はきちんと固定されているか，机，椅子等に不具合はないか，釘が出ていたり，壁・床に破損しているところはないかなどを確認し，危険な箇所があればすぐ修繕するようにします。また，物が散乱していることも事故の誘因になるため，保育室の整理整頓を徹底し，保育に適したスペースを確保することも大切です。

　階段では，破損部分がないか，妨げになるものが置いていないか，手すりがきちんとついているか，廊下では，水濡れなど滑って転ぶ危険がないか，つまずきやすいものや歩行の妨げになっているものはないか，園庭では，柵・外壁・固定遊具等の破損がないか，危険なもの（たばこの吸い殻，犬猫のふん等）が落ちていないか，砂場が清潔に保たれているか，死角になるところがないかといったことが安全な環境づくりを行う視点として挙げられます。

　日常的に利用する散歩経路やその行き先となる公園など，園外の活動場所についても安全点検が必要です。活動場所やそこまでの経路等の状況（工事箇所や交通量等）を事前に調べ，周辺に異常や危険性がないかを確認し，その情報を記録するとともに教職員で共有するようにします。

　情報の記録・共有の仕方は様々ですが，危険箇所をわかりやすく共有する方法の一つとしてハザードマップが挙げられます（写真5-1）。ハザードマップは，把握した危険を地図上に記載することで視覚化できるだけでなく，日々の活動で得られた情報を更新していくことで安全な環境づくりに役立てることができます。

＜災害時への備え＞
　園では，学校保健安全法や消防法等の規定により，火災，地震，風水害（暴風・豪雨・洪水）等の災害の発生に備え，危機管理マニュアル等を

写真5-1　メリー★ポピンズ 清瀬ルームのハザードマップ
出所：社会福祉法人どろんこ会ホームページ https://www.doronko.jp/action/
20180426a/（2022年3月27日閲覧）。

　作成し，日頃から消防設備や火気使用設備の整備や点検を定期的に行う
ようにしなければなりません。
　消火器は落下や転倒しない場所に設置し，すべての教職員がその場所
を把握し，使用方法を理解しておく必要があります。また，施設の出入
り口や廊下，非常階段等については近くに物を置かないようにし，経路
上にけがの要因となる危険がないか日常的に点検し，いつでも避難経路
を使えるようにしておくことが大切です。
　地域や園の立地特性によって，起こり得る災害の種類や危険度は異な
ります。危機管理マニュアル等の作成に当たっては，園の実情に応じた
災害を想定し，園の生活における様々な時間や活動，場所で発生した時
のことを考え，それに備えるようにしておくことが大切です。
　災害が発生した際，電話や電子メール等が使えないことも想定し，安
全な場所への避難の方法や，保護者への連絡・引渡し方法等をあらかじ
め明確にしておく必要があります。避難経路については，幼児を連れて
避難することをイメージしながら実際に自らの足で歩いてみて，交通量
や道幅，落下や倒壊など避難の障害となる場所をあらかじめ確認してお
くことが大切です。また，危機管理マニュアルには，避難訓練に関する
計画等も盛り込むようにし，災害の発生時に教職員が協力して対応でき
るよう各自の役割分担や責任を明確にするなど，危機管理体制の整備を
図ることも必要になります。

③組織活動とは

　安全教育と安全管理を効果的に進めるためには，園内で組織的に取り組む体制を構築するとともに，教職員の研修や家庭及び地域社会との密接な連携など，安全に関する組織活動を円滑に進めることが重要といわれています(2)。

　園の教育活動全体を通じて系統的・体系的に安全教育を推進するためには，園の運営組織全体で安全教育に関する目標を共有し，組織的に取り組まなければなりません。そのため，組織活動においては，すべての教職員が安全（生活安全，交通安全，災害安全）に対する共通理解をもち，各自が適切な行動に結び付けられるよう，園務分掌において教職員の役割分担と責任を明確にしておくことが必要になります。さらに，管理職のリーダーシップの下，園の安全の中核となる教職員を中心に，学校安全計画（幼稚園，認定こども園）や危機管理マニュアル等に基づいて組織的な取組を的確に行える体制を構築するとともに，各教職員がそれぞれのキャリアステージに応じて安全に関する資質・能力を身に付けられるよう研修の機会を設けることも必要になります。

　安全上の課題が複雑化・多様化するなか，それらの課題すべてに園で対応することは難しいのが実情といえます。また，事件・事故，自然災害等の発生は，子どもが園にいる時間帯だけに限られるものではなく，家庭や地域にいる間にも発生します。そのため，組織活動においては，日頃から園と家庭，地域の関係機関・団体等が情報交換や連携を密にしながら，地域ぐるみで防犯・交通安全・防災等に取り組むようにすることが大切になります。そうすることで，いざという時に地域ぐるみで子どもの命や安全を守ることができ，安心して園生活が送れる環境を整えることができます。

（2）同前。

【Work】

①砂場における安全点検の内容を考えてみましょう。
②実習園や就職内定園を想定し，ハザードマップを作成してみましょう。

<参考文献>
文部科学省『学校安全資料「生きる力」をはぐくむ学校での安全教育』2019年。
文部科学省『幼稚園教育要領』フレーベル館，2017年。
厚生労働省『保育所保育指針』フレーベル館，2017年。
内閣府・文部科学省・厚生労働省『幼保連携型認定こども園教育・保育要領』

　　　フレーベル館，2017年。

厚生労働省『保育所保育指針解説』2018年。

内閣府・文部科学省・厚生労働省『幼保連携型認定こども園 教育・保育要領解
　　　説』2018年。

平成27年度教育・保育施設等の事故防止のためのガイドライン等に関する調査
　　　研究事業検討委員会『教育・保育施設等における事故防止及び事故発生時
　　　の対応のためのガイドライン』2016年。

谷田貝公昭監修，高橋弥生編『保育内容シリーズ①健康』一藝社，2004年。

一般社団法人日本公園施設業協会「なかよくあそぼうあんぜんに　子どもと見
　　　守る人のために」2022年，https://www.jpfa.or.jp/nakayoku_22.pdf（2022年
　　　3月30日閲覧）。

第**Ⅱ**部

保育内容「健康」の指導法

―保育内容の指導法―

第**6**章

基本的生活習慣にかかわる指導

コロナ禍の影響で，親子ともに生活習慣に乱れが生じたといわれています。保育の場で子ども達がいきいきと過ごすためにも，基本的生活習慣の形成は大切な指導・支援です。家庭に対してもその思いや状況を受け止めながら，できることから取り組んでもらえるよう支援をしていきましょう。本章では，基本的生活習慣を保育の場で展開していく具体的な実践について学びます。

1．保育の場における「睡眠」

　健やかな睡眠習慣は，子どもの活動や生活習慣全体の基盤となるものです。睡眠の自立を促すために，時期に応じた遊びや保育者の関わりが大切です。睡眠に関わる指導のポイントや配慮事項，保育と睡眠習慣に関するICT活用について紹介します。

1　意識すべき睡眠習慣の課題

　乳幼児の主な睡眠の課題には，睡眠の量（十分な長さか），リズム（早寝早起きが一定か），質（ぐっすり眠れているか）が挙げられます。日本の子どもは短時間睡眠で知られますが[(1)]，子どもの睡眠には個性があるため，一人一人に最適な睡眠習慣を探る視点が不可欠です。幼児が十分眠ると，①朝自分で目覚める　②朝の機嫌がよい　③朝食をよく食べる　④日中の機嫌がよいというサインがあらわれます。「この子は寝起きが悪くて」という養育者の報告の背景には寝不足や睡眠の問題が隠れている可能性があります。

　幼児の睡眠時間の目安は，米国の推奨基準や研究から最低10時間の夜間睡眠時間が望ましいと考えられ[(2)]，朝6〜7時に起床する場合は20〜21時の就床となります[(3)(4)]。一方で日本小児保健協会の10年ごとの調査から，2000年では22時以降に就床する3歳児は半数にのぼり（図6-1），その後研究者の働きかけで2006年から文部科学省の「早寝・早起き・朝ごはん」運動が始まり，2010年では22時以降に就床する幼児は減りました。子どもの遅寝は養育者の習慣と関連が強いため，家庭への継続的な啓発と支援が重要です。

　また，睡眠リズムの「不規則さ」に注意が必要です。日本の幼児（5歳児クラス）の調査により，睡眠リズムが不規則な子どもは規則的な子どもに比べて三角形をうまく模写できない割合が高い上，情動のコント

（1）日本小児保健協会『平成22年度幼児健康度調査報告書』2011年。

（2）本書第3章3節参照。

（3）三星喬史ほか「日本の幼児の睡眠習慣と睡眠に影響を及ぼす要因について」『小児保健研究』71(6)，2012年，808-816頁。

（4）神山潤『子どもの睡眠』芽ばえ社，2003年。

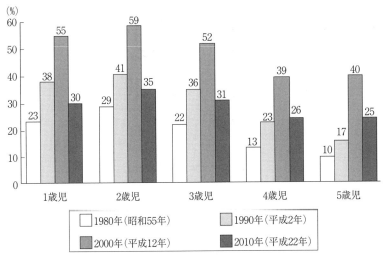

図 6 - 1　22時以降に就寝する幼児の割合の推移

出所：日本小児保健協会『平成22年度幼児健康度調査報告書』2011年をもとに筆者作成。

ロール・集中力・姿勢などの問題も見られました。近年，平日と週末の[5]睡眠リズムのズレが心身の不調につながることが世界的に注目され，子どもでも情緒や体調に影響するといわれます。「早寝早起き」はよく知[6][7]られていますが「リズムの一定さ」のリテラシーは浸透していないため，家庭への情報提供が必要です。

2　睡眠習慣形成のポイント

　眠りに関連する因子は多様であり，寝つきや夜間覚醒に悩む家庭も多いため家庭生活との連続性の視点が大切です。まず，1日の生活で意識すべき点を述べます。①朝の光を感知して14〜16時間後にメラトニンが分泌されるため，毎朝一定時刻に起きて光を浴びることが特に重要です。②平日と週末の起床・就床時刻を一定に保ちます。休日起こさないといつまでも眠る場合は寝不足が懸念され，就床の前倒しを検討する必要があります。③食事は体内時計や体温と連動するため，朝食摂取と早めで一定の夕食リズムにします。④よい眠りには昼間の活動が不可欠です。できるだけ午前中から屋外で発達に対し十分な活動量を確保します。午睡（昼寝）が不要になる時期は子どもにより異なります（図 6 - 2）。年齢や時期で一律にせず，家庭の情報を得て子どもの1日の生活がスムーズになるよう長さや時間帯の調整や，昼寝しない場合は別の活動をするなど柔軟な対応が必要です。[8]その日の体調や活動内容でも午睡の必要性は変わるため，状態に応じ対応します。長いあるいは遅い午睡は夜の眠りの問題と関連するため，昼と夜の眠りの連動を意識します。⑤早めか

（5）Suzuki, M., et al., "Children's ability to copy triangular figures is affected by their sleep-wake-fulness rhythms," *Sleep and Biological Rhythms,* 3 (2), 2005, pp. 86-91.

（6）「ソーシャル・ジェットラグ（社会的時差ぼけ，社会的ジェットラグ）」と呼ばれます。ソーシャル・ジェットラグが認められる子どもは，遅寝遅起きの子どもと同程度あるいはそれ以上に情緒不安定で体調を崩しやすいという報告があります。

（7）Doi, Y., Ishihara, K., & Uchiyama, M. "Associations of chronotype with social jetlag and behavioral problems in preschool children," *Chronobiology International,* 32 (8), 2015, pp. 1101-1108.

（8）昼夜の睡眠リズムに関連した問題とは別に，子どもが寝つくためには「安心」が不可欠のため，入園期には不安や緊張で午睡できない子どもが多く見られます。家庭で寝つく際の習慣などを養育者に確認し，子どもの安心を育むよう柔軟な対応を意識しましょう。

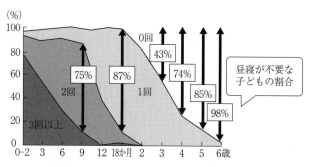

図6-2　昼寝をする子どもの割合の変化

出所：National Sleep Foundation, *Sleep in America poll*, 2004をもとに筆者作成。

（9）電気を消す，家族や昼間使ったおもちゃやテレビ・植物などに「おやすみ」のあいさつをする，寝る前に読んでもらう絵本を選ぶなど，子ども自身が主体的に気分や行動を切り替えて寝床に向かう行動を工夫できると，自発的に眠る習慣につながり理想的です。

（10）腕枕・ドライブ・おっぱいを吸いながら寝つくなど，大人の介入や手助けが入眠の条件になって頻回の夜間覚醒が生じている場合，新たなルーティン形成の相談が必要です。一旦形成された入眠条件の修正は子どもが抵抗することも多いため，家族の協力が大切です。乳児期後半〜幼児では，夜中目覚めた際に養育者がすぐさま抱き上げる・応答する・電気をつけるといった形で"即座に"反応することをやめて少し待つようにすると改善しやすいという報告があり，情報提供が役立つ可能性があります（もちろん体調不良時はケアを優先することが大切です）。養育者は子どものためを思って即座に応答している例が多くあるため，積極的なリテラシー提供が必要です。

つ一定の時間帯に入浴します。夕食→入浴→歯磨きなどの生活の流れの一定化は子どもに見通しを作り睡眠の自立につながることを家庭に情報提供しましょう。⑥昼夜の明暗と連動した光環境が睡眠リズムを整えます。安全上もリズム形成上も，午睡環境は真っ暗にせずに休養できる適度な明るさにします。夕方以降は電球色（オレンジ色）の灯りが推奨されます。乳幼児のテレビ・スマートフォンなどのメディア機器利用は増加の一途ですが，画面が発する光が体内時計とメラトニン分泌を遅らせて眠りを妨げるため，夕方以降は利用を避ける方が適切です。難しい場合も寝る前には使用せず，遅くとも就床1時間前に消すことが推奨されています。⑦就床前後の過ごし方は，生活の見通し形成のうえでも眠りへの肯定的態度形成のうえでも重要です。寝かしつけの必要性とともに「ベッドタイムルーティン（入眠儀式）」について家庭へ情報提供するとよいでしょう。就床の少し前から音や光の出るおもちゃ・活発な遊びを避け，絵本などで過ごします。そのうえで，寝室での心地よいルーティンを形成します。絵本・ぬいぐるみや毛布を抱く・1日を振り返りほめるなど落ち着いて安心できる内容で，子どもが眠ることを楽しみに感じられるものが適切です。（9）非機能的な習慣ができて睡眠を妨げている場合は，年齢に応じた例を挙げながら相談するとよいでしょう。（10）⑧寝る部屋の暗さ・静かさ・温度湿度を快い環境に調節します。睡眠の問題がある時は，上記の中で改善できそうな点を検討すると解決の糸口となります。

3　遊びとの連続性から眠りの自立を育む

　保育を通して子どもが眠ることを好きになり，「眠りの大切さや必要性」を知って睡眠リズムの感覚（見通し）を子どもが持つための保育者の関わりが非常に大切です。遊びの中に生活習慣が再現されることは多く，1歳頃でも人形を寝かしつけるままごとなどで眠りを遊びに取り入

れます。こうした遊びを一緒に楽しみ，午睡の際の「よくねんねして，気持ちよかったね」「お昼寝したら元気になって，いっぱい遊べるね」などの声かけや，ねんねをテーマにした絵本などを通して，眠ることの快さやリズムの感覚が育つよう支援します。

　幼児期後期では「早寝・早起き・朝ごはん」の大切さを紙芝居などで伝えることで，眠りの自立を促すとともに，見通しや目標を持って自ら健康な生活を作り出す力の育成を支援できます。よく眠ることで身体が成長し，病気やけがを治し・予防し，毎日を元気に楽しむ力が生まれることを具体的に教えるとよいでしょう。[11]

4　保育中の睡眠の安全

　乳児期は睡眠中の乳幼児突然死症候群（SIDS）[12]のほか，嘔吐による窒息や発熱なども起こりうるため睡眠中の観察が必要です。一般に0歳児で5分，1歳児で10分毎の確認と記録が推奨され，仰向けで顔が見えるよう寝かせ，一人にせず，鼻や口が覆われていないかなどに留意します。暗すぎる室内は顔色や嘔吐など異変に気づきにくくなるため，観察に適した明るさに配慮します。

5　保育における睡眠のICTツール活用

　睡眠に関するICTツール[13]を活用する保育現場も増えており，主に二つのカテゴリがあります。

　一つ目は一般に「午睡センサー」と呼ばれるもので，午睡中の呼吸・体温・体動・寝姿勢・心拍などの生体情報をセンシングし，異変を検知すると警報音やランプで保育者に知らせます。寝具の下に敷くシートタイプ，天井のカメラで撮影するタイプ，子どもの衣服やオムツに小型センサーを装着するタイプ，肌着自体がスマートウェアのタイプなど，形態は様々です。呼吸（体動）の異常検知の他，発熱・嘔吐・けいれんなど体調急変の検知，発汗状況から環境調整に役立つものもあります。室外でも子どもの異変を速やかに気づけるといった人とICTのダブルチェックにより安全性が増し，記録の手間とミスの削減，データの可視化で午睡状況の理解が深まるなど，安全性と保育の質向上のために活用されています。

　二つ目は，園と家庭の連絡システムや連絡帳のICT化（連絡帳アプリ，掲示板など）により，午睡情報や家庭の睡眠習慣を共有する機能です。前述の午睡センサーの記録がアプリに自動的に反映されるものもあり，記録の効率化や情報伝達のスムーズさは園と家庭双方のメリットです。

(11) 子どもに健やかな眠りの機能や役割，健康的な眠りのポイントを伝えることを「睡眠健康教育」と呼び，学童期以降の実践が増えています。幼児期でも，発達に応じた用語を使うことで眠りのメリットや大切さを理解できるでしょう。

(12) 乳幼児突然死症候群（SIDS：Sudden Infant Death Syndrome）
　何の予兆や病歴もない乳幼児が眠っている間に突然死亡する病気です。原因も著効する予防策も解明されていませんが，リスクを下げる因子として，1歳までは仰向けで寝かせる・できるだけ母乳で育てる・養育者が喫煙を避けるといった習慣が推奨されています。関係法令には，厚生労働省「SIDSについて」，東京都福祉保健局通知「保育施設における睡眠中の事故防止及び救急対応策の徹底について」「（別紙）乳幼児が突然死症候群（SIDS）の予防及び睡眠中の事故防止・救急対応策の徹底」などがあります。

(13) Information and Communication Technology：情報通信技術

養育者にとって情報を随時確認・連絡できる機能のメリットは利便性に留まらず，安心して預けられることにもつながります。保育情報の共有・発信機能を持つツールでは，前述の眠りに関する遊び・学びの様子や家庭生活での工夫や気をつけるべきことも共有することで睡眠の自立を促せるでしょう。

　こうしたICTツールは万能ではなく，あくまで忙しい保育者と家庭を補助して安全性や連携をサポートするものです。子どもを取り巻く大人に余裕が生まれることで目の前の子どもをつぶさに見つめられる時間が増えること，そして保育者（園）と家庭が信頼しあい「協力しあって子どもを育む」関係を築くために"うまく役立てる"ことが大切です。

　子どもが眠りの快さ・大切さを知り，健全な睡眠習慣を形成する意義と支援について述べました。眠りへの肯定的態度の形成や眠りの自立は，子どもが見通しを持って自ら生活を健やかに整える力の基盤となり，就学後もいきいきと学び，育っていくための重要な資質となるでしょう。

2．保育の場における「排泄」

　保育の場における「排泄」については，個人差に配慮する必要があり，保育者は子ども一人一人の排泄間隔を把握し，一律の指導にならないように注意する必要があります。

1　乳児期の排泄

　乳児期の排泄は，神経系統や膀胱の機能・大きさが大人と比べると未発達なため，尿意の自覚はなく，反射的に排尿されます。1回の排尿の量は少ないですが，1日の回数は約15〜20回と多いです。排便については，母乳やミルクのみの時期は水っぽい便ですが，離乳食がはじまると泥状から軟便となり，徐々に便の形ができはじめてきます。

　保育者は，子ども達の名前が書かれた一覧表を作成し，排尿・排便・排泄時間などを記入し，個々の排泄のリズムを把握する必要があります。

　排尿の場合は，回数，量，色，臭いなどを確認する必要があり，排便の場合は，量，色，形状，硬さ・柔らかさ，回数，臭い，便秘（下痢）などを確認し，記録しておきます。その記録をもとに，個々の排泄のリズムを把握し，オムツ交換を行う必要があります。交換する際には，ただ交換するだけでなく，「たくさんおしっこが出たね。すっきりしたね。」などの言葉をかけたり，歌を歌ったり，お腹や足などの体をさするなど，スキンシップを取ることも必要になります。スキンシップを通

写真6-1　海をイメージしたトイレの様子　　写真6-2　サバンナをイメージしたトイレの様子
写真提供：幼保連携型認定こども園大利根育英幼稚園（群馬県）。

して乳児自身もオムツ替えを意識するようになり，心の準備が整い，オムツ交換に抵抗感を抱かなくなります。

2　1歳以上3歳未満児の排泄

　この時期の排泄は，膀胱の大きさも大きくなり，個人差はあるものの排泄の自立に向けた身体的機能も整ってきます。膀胱に尿が溜まると尿意を感じるようになり，もぞもぞしたり，股を手で押さえたり，お腹を手でたたくなど，自分の意思でおしっこが出る合図を伝えることができます。

　尿間隔も2時間程度空くようになり，1日の排尿回数は約7〜12回になってきます。排便についても，リズムが整いはじめ，1日約1〜3回になり，便意を感じるようにはなりますが，我慢は難しい時期です。

　オムツが外れそうな時期やトイレトレーニングを行っている時期については，オマルやトイレを嫌がったり，家庭のトイレとの違いに戸惑う子どももいるため，園のトイレにおいては，壁紙や小物などについては，明るい雰囲気にし，便座を温かくしておくなどの配慮が必要になります（写真6-1，6-2）。また，排泄時以外にトイレを見学し，便座の座り方を知る，実際に座ってみる，水を流してみる，流し方を知る，流れる水を観察してみるなど，トイレの仕組みを知る活動を保育の中に取り入れ，トレイの雰囲気に慣れるような取組も必要になります。

　排泄に失敗してしまった場合（おもらし）には，「失敗」と子どもに思わせないような配慮が必要になります。特に，友達が近くにいる場合には，友達に見られない・気付かれないように保育者が配慮しつつ，汚れた衣類をすぐに着替えるようにし，状況に応じて下半身をシャワーなどで清潔にします。

3　3歳以上児の排泄

この時期は排泄のリズムも整い，尿意や便意もわかり，トイレまで我慢することができ，自分の意思で排泄できるようになります。3歳半頃には一人で排尿できるようになり，4歳半頃になると一人で排便し，自分でお尻を拭くこともできるようになりますが，個人差があるため，排便した際に保育者に「先生，うんち出た。」と知らせ，お尻を拭いて欲しい子どももいます。そのため保育者は，一人一人の排泄状況を見守りつつ，必要に応じて援助する必要があります。また，3歳以上児については，一人で排泄することができますが，安全・防犯上の観点から，子どもがトイレに一人きりにならないように，保育者はトイレの近くで見守るなどの配慮が必要になります。

4　保育者が準備しておくもの

保育者が子どもの排泄の援助を行う際に必要となる備品は，バケツ，雑巾，ビニール袋，使い捨て手袋，消毒液などです。

排泄物の処理については，感染症への感染リスクがあるため，保育者が，子どもの排泄物を直接素手で触ることがないように，事前に備品を準備しておく必要があります。

5　排泄に関する保育教材の活用

排泄については，自分の排泄物以外を目にする機会がないため，子どもたちが日頃慣れ親しんでいる保育教材を通して知る方法もあります。絵本や紙芝居，図鑑などを活用し，体内の仕組みや，便の形状など，絵を通して確認することができるからです。また，絵本や紙芝居の場合，保護者が家庭でも活用することができるため，園と家庭が連携して排泄に関する取組が行えるというメリットもあります。

次に，排泄などに関する絵本を紹介します（図6-3）。排泄に関しては，たくさんの絵本や紙芝居などが出版されているため，子どもと一緒に「しかけ」などを楽しみながら排泄について学んでいくことができます。

【Work】

①保育現場のトイレにおいて，配慮すべき環境とは何か，年齢別に考えてみましょう。

②昼寝の時間に「おねしょ」をしてしまった子どもへの対応を考えてみましょう。

しかけ絵本
『おむつのなか、みせてみせて！』
ヒド・ファン・ヘネヒテン文　絵／松永りえ
訳，パイ　インターナショナル，2021年。

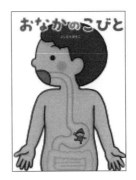

『おなかのこびと』
よしむらあきこ作・絵，教育画劇，2021年。

『うんちがぽとん』
アロナ・フランケル絵・文／さくまゆみこ訳，
アリス館，2006年。

『おならしりとり』
tupera tupera作，白泉社，2016年。

図6-3　排泄などに関する絵本

3．保育の場における「衣服の着脱」

　衣服の着脱の自立で目指すことは，①「着脱スキルの獲得」，②「衣服の整理整頓」，②「気候に合わせた衣服選び」といえます。園生活においては，登降園時，戸外遊びや運動遊びの前後（汗をかいた後を含む），水遊びの前後等で着替える場面があります（表6-1）。保育者は，毎日の着替えの場面が，子どもにとって習慣を身に付けていく大切な機会であることを意識することが大切です。

表6-1　園生活における衣服の着脱の場面と例

着脱の場面	衣服の着脱の例
登降園時	制服や普段着，かばん，スモック，上着，マフラー，手袋，帽子，体操服，くつ（外履・内履），長靴，レインコート，傘　等
戸外遊びの前後（運動遊び）	体操服，制服や普段着，くつ（外履・内履），帽子，上着，手袋　等
水遊び	水着，靴下，下着（パンツ・シャツ）　等
汗をかいた時	体操服，下着（シャツ），制服（普段着）　等
汚れた時	制服や普段着，靴下，下着（パンツ・シャツ），くつ（外履・内履）　等

出所：筆者作成。

1　着脱スキルの獲得

　着脱での動作は，運動発達と密接に関連しています。例えば，ズボンを履くという動作において，大人のように立って履けるようになるには，片足で上手にバランスが取れることが運動発達の前提条件です。そのため，着脱の様子からも子どもの発達を理解し，日々の遊びの中で発達を促す工夫を凝らしていくことが求められます（図6-4，6-5）。また，子どもがやってみたい気持ちと達成感を感じられるよう，子どもの発達に合った衣服を選ぶことも重要です（図6-6）。

　1～2歳頃になると，毎日繰り返し行う着脱動作については，ある程度の見通しが立てられるようになります（例えば，お散歩に行くときには，帽子をかぶる等）。そのため保育者は，"自分でしようとする気持ち"を尊重しながら，ゆとりを持って様子を見守り，できないところを"言葉"と"動き"を用いながら援助することが大切です。着脱に気持ちが向かわない子には，手を電車，袖をトンネルなどに見立てて「電車がトンネルを通るよ」「出るかな？　出るかな？」と言葉掛けを行い，想像をふくらませたり，身近なものや好きなものに見立てながら働きかけると良いでしょう。3歳頃になると，一通りの着脱のスキルを獲得し，着脱の心地良さや満足感を感じながら徐々に自立に向かっていきます。保育者は，子どもが着脱への心地良さや満足感を感じられるように活動を工夫（例えば，戸外で思い切り遊んで汗をかき，着替えた後の心地良さ等を感じられるようにするなど）し，子ども自身が必要性に気づくことができるよう働きかけることが大切です。また，友達との関わりが深まると，友達の衣服に興味を抱くようになり，一緒に着替えるなどして習慣や態度を身に付けていきます。一人一人の子どもの行動が他の子どもにとって意味のあるものになっていくため，子ども同士でも意欲的に活動できるよう良い集団関係を育んでいくことが大切です。

図6-4　子ども理解から活動に繋
　　　げる様子

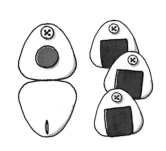

図6-5　ボタン掛けのおもちゃ

図6-6　発達に合わせた衣服と子
　　　どもの様子

2　衣服の整理整頓

　衣服の整理整頓においては，着脱する衣服や所持品を整理整頓してお
くことで，次の活動に気持ち良く移行することができ，脱いだ服を次に
着る時に気持ち良くスムーズに着ることができます。また，外で遊ぶ際
は，上着や制服（スモッグを含む），カバン等をロッカーに収納し，安心
して遊びに集中できるようにすることも大切です。

　おおよそ3歳頃になると，保育者の援助のもと少しずつ衣服の管理を
覚えていきます。保育者は，関わり方だけでなく子どもが管理しやすい
ように記名や，収納空間を確保するなど工夫する必要があります。衣服
の整理整頓やたたむ経験が十分でない場合は，遊びの中に取り入れるな
ど，子どもが楽しみながら経験を積めるよう工夫します（図6-7）。機
嫌により気持ちが向かわない場合には，やってみたいと思えるような言
葉掛けや，「シャツはどこにあるのかな？」などスモールステップでや
ることを伝えることも方法です。また，次に繋がるように，やろうとし
た過程や出来たことを認め，必要に応じて援助することが大切です。

　4～5歳頃になると，脱いだ服を表に返す，脱いだ衣服をたたむなど
整理整頓をすることができるようになります。しかし，遊びに熱中する
あまり，整理整頓を忘れてしまうことや，行動を省略してしまうことが
あります。子どもは，経験を通して必要感を感じていくこともあるため，
先回りした指導だけでなく，プロセスを見守りながら，子どもが必要感
に気づくことができるようにすることも一つの方法です（図6-8）。

3　気候や状況に合わせた衣服選び

　気候や状況に合わせた衣服を選べるようになると，遊びに集中できる
とともに，けがを予防したり体調を崩したりせずに済むでしょう。子ど

図6-7　靴下合わせ　　　図6-8　必要感に気づく子どもの
　　　　　　　　　　　　　　　　　様子

もは，日々の積み重ねと経験を通して衣服の特徴を理解し，自分で必要に応じた服が選択できるようになっていきます。衣服選びが，先の活動とどのように結びついているのかを予測できるようになると，より習慣として身に付きやすくなります。例えば，日差しが強いから帽子をかぶる，寒い日には手袋やマフラーを着用する，戸外で遊ぶときには怪我をしないようスモックを脱いでカバンをしまう等が挙げられます。保育者は，子どもが季節や気候，状況に気付き，それらに合わせた服装を選ぶことができるように働きかけることが大切です。

4．保育の場における「清潔」

　清潔の自立で目指すことは，①「積極性」，②「必要性の理解」，③「清潔行動スキルの獲得」といえます。園生活においては，散歩の後，戸外遊びや運動遊びの後，食事の前後，排泄の後など多くの場面で，身の回りを清潔にすることを経験し習慣を身に付けていきます（表6-2）。保育者は，これらの場面が，子どもにとって習慣を身に付けていく大切な機会であることを意識する必要があります。

1　積極性

　子どもは，1〜2歳頃から徐々に大人の行動に興味を抱くようになります。この時期に，子どもの「やりたい」，「やってみたい」という気持ちを引き出し習慣化していくことは，自ら進んで行動しようとする積極性につながります。

　保育者の，子どもが"挑戦したい"と思えるような関わりは，その後の積極的な行動を支えているとも言い換えられます。保育者は，子どもに完璧な行動を期待するのではなく，次を見据えて，子どもの（少しで

表6-2　日常における清潔行動（身の回りを清潔にすること）場面と例

生活場面	清潔（衛生）習慣の例
家庭	手洗い，うがい，鼻かみ，洗顔，歯磨き，入浴，爪切り，汚れた衣類の着替え，衣類の洗濯，ヘアブラッシング，汗を拭く，必要に応じたマスクの着用　等
園	手洗い，うがい，鼻かみ，歯磨き，汚れた衣類の着替え，衣類の洗濯，汗を拭く，必要に応じたマスクの着用　等

出所：筆者作成。

も見受けられる）やってみようという気持ちや，途中まででも一人で出来たところを認め，必要に応じて援助することが大切です。

　気持ちが向かわない場合には，子どもがやってみたいと思えるような言葉掛けや，「タオルは，どこにあるかな？」などスモールステップでやることを伝えることも方法です。また，清潔をテーマにした絵本の読み聞かせや遊びを通して，子どもが会話に取り入れるなど，関心を持てるようにすることも大切です。

2　必要性の理解

　子どもが清潔習慣の必要性を理解できるようになるためには，子どもがやってみた後に「気持ちがいい」「スッキリした」と感じられるように言葉掛けを行い，必要に応じて援助していくことが大切です。例えば，子どもがしっかり手を洗うことができた時に，ただ「上手にできたね」と声をかけるだけでなく，「手の匂いは，どんな匂い？」「いい匂いで，気持ちがいいね！」と一言添えると，子どもは，達成感だけでなく，スッキリした感覚や心地良さに気付くことができます。また，戸外遊びを積極的に活用することも方法です。子どもが戸外で夢中になって遊び，汗をかいたり泥だらけになったりすることで，汗を拭くことや手を洗うこと，汚れた衣服を着替えることの心地良さを感じ，経験から必要性を理解していくことにつながります。

3　清潔行動スキルの獲得

　清潔行動スキルの獲得は，運動発達と密接に関連しています。そのため，一通り出来るようになる4歳頃でも十分とはいえないことが多くあります。清潔習慣は，戸外遊び後や昼食後の歯磨きなど，決まった場面や時間に同じ順序で繰り返されることが多く，日々の経験を重ねることで，微細運動の発達と相まって徐々に清潔行動スキルが上達していきます。そのため保育者は，子どもの達成感を大切にしながら不十分なところを援助していくことが重要です。また，経験が十分でない場合には，

子どもの興味や関心に合わせて遊びの中に動作を取り入れるなど，楽しみながら経験を積めるよう工夫します（図6-9）。また，園での取組を家庭での生活と共有することができれば，より確実に身に付けていくことができます。

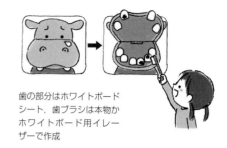

歯の部分はホワイトボードシート，歯ブラシは本物かホワイトボード用イレーザーで作成

図6-9　子どもが必要感を感じる様子

【Work】

① 「衣服」に関するテーマの絵本を探して，保育活動を展開する際にどのような「ねらい」を持たせられるか考えてみましょう。

② 「清潔」に関する行動をテーマにした手遊び歌を作ってみましょう。

5．家庭との連携

　食事，排泄，睡眠，衣服の着脱，清潔などの基本的な生活習慣の形成にあたっては，家庭との連携が不可欠です。子ども一人一人の家庭での生活経験に配慮し，保育者は，指導が一律にならないよう配慮する必要があるため，日頃から家庭と信頼関係を築き，連携を密にしておくことが重要です。

1　園や家庭での生活習慣の共有

　基本的な生活習慣の形成にあっては，家庭との連携が不可欠ですが，基本的な生活習慣の形成にばかり目を向けてしまうと，保護者や子ども達の身体・心理的負担になってしまう可能性が高くなります。その点を踏まえ保育者は，まずは家庭での生活リズムに配慮することが重要です。家庭状況に配慮しながら，園生活で子ども達が，基本的な生活習慣を身に付けるために，どのような生活（経験）や取組を行っているのか，保護者へおたよりや保育参観を通して伝えていく必要があります。見える形にすることで，保護者が「このように家庭でも取り組めば良いのか」という目安となる指標を示すことも保育者の重要な役割になります。

2　家庭との連携の実践例

　次に，実際の認定こども園で実践されている家庭との連携を深める実践例を紹介します。

実践例①生活実態調査の取組

　A認定こども園では，基本的な生活習慣の形成にあたり，家庭との連携をはかるために，3年に一度（0・1・2歳児に1回，3・4・5歳児に1回），生活実態に関するアンケート調査を実施しています。調査内容は保護者の心理的負担にならないように配慮しています。実施内容は次の通りです。

> 対象：4歳児
> **＜質問項目＞**
> ・起床時間は何時ですか？
> ・朝食は毎日食べていますか？
> ・朝食の時間は何時ですか？
> ・朝食は主に何を食べていますか？
> ・家庭での食事はどのような内容ですか？
> ・降園後はどのように過ごしていますか？
> ・夕食の時間は何時ですか？
> ・就寝時間は何時ですか？
> ・平日のテレビやスマートフォンを使う時間はどれくらいですか？
> ・食事はどのような食べ方をしていますか？

　このような生活実態調査をもとに，保護者面談を実施し，家庭と連携を深めながら，基本的な生活習慣の形成を目指しています。

実践例②うんちの共有方法

　B認定こども園の3歳児クラスでは，保護者の声をもとに，次のような取組を実施しています。

> 対象：3歳児
> **＜うんちの共有＞**
> 　便秘気味の子どもの母親が，担任保育者に「園でうんちが出たら教えてください」というお願いをしており，保育者は，最初はお迎えの際に口頭で伝えていましたが，次第にメモ用紙に実際に出たうんちの形を簡単な絵で表現したものを渡し，子どものうんちの共有を行いました。そのメモを見た子ども達が真似をするようになり，クラスの中で，「バナナうんち」「うさぎうんち（コロコロうんち）」など，うんちの形を楽しむ遊びに広が

> り，さらに「動物のうんち調べ」や「言葉遊びの発表会」へと活動が広がっていきました。その様子を保護者も微笑ましく見守り，園と家庭で「うんち」に関する取組の連携を図ることができました。

　このように，メモのやり取りを行うことで，園と家庭さらに子どもとも連携を図ることができています。

【Work】
①家庭との連携を行ううえで，保育者として配慮すべき点を挙げてみましょう。

6．小学校教育との学びのつながり

　倉橋惣三の名言「生活を生活で生活へ」にあるように，生活の連続性の中に子どもの成長はあります。幼児期と小学校の教育課程の接続も生活のうえに成り立つものです。

1　架け橋期における基本的生活習慣

　架け橋期と呼ばれる5歳児から1年生までの2年間で，基本的生活習慣を確立することは，学びに向かう姿勢の基盤となります。例えば，排泄に関しては，令和4年度の文部科学省委託「幼児教育施設の機能を生かした幼児の学び強化事業（家庭との連携等に関する調査研究）」である「幼児期の教育に関する意識調査」の調査結果では，保護者が卒園までに幼児教育施設に期待することの一つに「和式トイレの使い方」があります。現在，幼児教育施設のほとんどは洋式便所ですが，小学校ではまだ6割に過ぎません。こうした保護者の思いも受け止めて生活習慣の指導に生かしていきましょう。

2　健康な心とからだ

　領域「健康」の視点からこの架け橋期を捉えると，やはり幼児期の終わりまでに育ってほしい姿の文言が接続のキーワードになります。
　「園生活の中で，充実感を持って自分のやりたいことに向かって心と体を十分に働かせ，見通しをもって行動し，自ら健康で安全な生活を作り出していけるようになる。」
　子ども達は，育つ過程の中で様々な遊びを通し，しなやかな動きを身

表 6-3　公立学校施設のトイレの状況^(注1)（令和 2 年 9 月 1 日現在）

	洋便器数 （基）	和便器数 （基）	合計 （基）	洋便器率	H28年調査^(注4) （上昇率）
小中学校^(注2)	773,682	583,317	1,356,999	57.0%	43.3% （＋13.7%）
幼稚園^(注3)	31,605	10,070	41,675	75.8%	―
特別支援学校	38,236	9,891	48,127	79.4%	―
合計	843,523	603,278	1,446,801	58.3%	―

注 1：多目的トイレ（多目的トイレ・障害者トイレ・だれでもトイレ等）を含む，男子トイレの小便器は対象外。
注 2：義務教育学校及び中等教育学校の前期課程を含む。
注 3：幼保連携型認定こども園を含む。
注 4：H28年度は小中学校のみ調査。
出所：文部科学省「公立学校施設のトイレの状況について（令和 2 年 9 月 1 日現在）」https://www.mext.go.jp/b_menu/houdou/mext_00334.html（2023年 7 月 5 日閲覧）をもとに筆者作成。

に付け，目標に向かってやり遂げようとします。最初はうまくいかなくても繰り返し挑戦することで，次第に身のこなしやスキルが身に付いていきます。また時間の流れの中で，予定がわかり，手洗いや排泄，着替えや片付けなど生活習慣も自立に向かっていきます。避難訓練や交通安全のルールを知ることで，いざという時の対処や安全に対する感覚も養われていくのです。

　5 歳児のこうした姿は小学校入学後，教科学習や生活の中で十分に発揮されるでしょう。唯一気がかりなのは小学校のトイレはまだ和式が多く（表 6-3），生活の連続性という視点から考えると，就学後なかなかトイレにいけない子や我慢して腹痛になってしまう子等の話を聞きます。学校のトイレを明るく清潔で誰でも使いたくなるような雰囲気を作ることも大切です。逆に，地域によってはまだまだ和式トイレ中心の学校もあるので，しゃがんで排泄する練習を家族で行う機会を設け，学校のトイレをきれいに飾り付け入りやすくする工夫等もあるとよいと思われます。

　基本的な生活習慣は，どの時期においても必要な，生きていくための力となるもので，生活の中で作られ繰り返すことで習慣となります。幼児期から小学校へと教育課程が移っても生活は連続性をもって営まれていくので，個々の子どもの姿を大切に，課題に向き合っていく必要があるでしょう。

＜参考文献＞
文部科学省『幼稚園教育要領』フレーベル館，2017年。

厚生労働省『保育所保育指針』フレーベル館，2017年。
内閣府・文部科学省・厚生労働省『幼保連携型認定こども園教育・保育要領』
　　　フレーベル館，2017年。

第7章

食育にかかわる指導

　食育という言葉も，随分一般的になってきました。本章では，乳幼児期の食育について，なぜ食育が必要なのか，どのようなねらいで取り組むのか，実際にはどのような活動が行われているのかを学んでいきます。

1．指導法（アレルギー含む）

　食に関する法律等から，食育活動の必要性や子ども達の発達にあった食育計画について学んでいきます。さらに，アレルギーを持つ子ども達への対応についても説明していきます。

1　食育の必要性

　急速な経済発展に伴い，生活水準が向上し，食を取り巻く環境も大きく変化しました。食生活が乱れ，その結果，栄養の偏りや生活習慣病が増加しました。そこで，食育指針（2000年）が示され，2005年には「食育基本法」が施行されました。食育基本法では，食育について以下のように書かれています。

> 食育基本法　第一章　総則
> （国民の心身の健康の増進と豊かな人間形成）
> 　第2条　食育は，食に関する適切な判断力を養い，生涯にわたって健全な食生活を実現することにより，国民の心身の健康の増進と豊かな人間形成に資することを旨として，行われなければならない。

　また，第20条では，学校，保育所等における食育の推進も掲げられており，園でも，食育を進めていく必要があります。

> 食育基本法　第三章　基本的施策
> （学校，保育所等における食育の推進）
> 第20条　国及び地方公共団体は，学校，保育所等において魅力ある食育の推進に関する活動を効果的に促進することにより子どもの健全な食生活の実現及び健全な心身の成長が図られるよう，学校，保育所等における食育の推進のための指針の作成に関する支援，食育の指導にふさわしい教職員の設置及び指導的立場にある者の食育の推進において果たすべき役割につ

いての意識の啓発その他の食育に関する指導体制の整備，学校，保育所等
又は地域の特色を生かした学校給食等の実施，教育の一環として行われる
農場等における実習，食品の調理，食品廃棄物の再生利用等様々な体験活
動を通じた子どもの食に関する理解の促進，過度の瘦身又は肥満の心身の
健康に及ぼす影響等についての知識の啓発その他必要な施策を講ずるもの
とする。

　国は，食育の推進を国民運動として総合的かつ計画的に推進するため，
さらに，「食育基本法」に基づいて，食育の推進に関する方針や目標を
「食育推進基本計画」を2006年から5か年ごとに，定めています。2021
年には第4次食育推進計画が出され，(1)学校，保育所等における食育の推
進を挙げ，保育所，幼稚園，幼保連携型認定こども園等で，保護者や地
域と連携・協働による取り組みを推進することとしています。

（1）第4次食育推進計画
では，3つの重点事項（生
涯を通じた心身の健康を支
える食育の推進・持続可能
な食を支える食育の推進・
「新たな日常」やデジタル
化に対応した食育の推進）
を掲げ，具体的な目標値を
設定し取り組んでいます。
農林水産省「私たちが育む
食と未来──第4次食育推
進基本計画」https://
www.maff.go.jp/j/syokui
ku/plan/4_plan/attach/
pdf/index-28.pdf（2023年
5月23日閲覧），農林水産
省「第4次食育推進基本計
画（令和3～7年度）の概
要」https://www.maff.go.
jp/j/press/syouan/hyoji/
attach/pdf/210331_35-4.
pdf（2023年5月23日閲覧）。
（2）厚生労働省「楽しく
食べる子どもに──保育所
における食育に関する指
針」2004年，https://www.
mhlw.go.jp/stf/shingi/2r98
52000001j4t2-att/2r985200
0001j4za.pdf（2023年5月
23日閲覧）。

2　乳幼児期の食育の必要性

　乳幼児期でも，朝食の欠食や偏食などの食生活の乱れ，肥満や過度の
やせ，アレルギー疾患等の疾病などが見受けられます。乳幼児期の食育
に関しても，「保育所における食育に関する指針」（2004年）が示され，
その後の「食育基本法」等をふまえ，幼稚園教育要領や保育所保育指針，
幼保連携型認定こども園教育・保育要領にも，食育について盛り込まれ
ています。
　『楽しく食べる子どもに──保育所における食育に関する指針』（2004
年）(2)では，保育所における食育の目標を次のように示しています。

食育の目標
　現在を最もよく生き，かつ，生涯にわたって健康で質の高い生活を送る
基本としての「食を営む力」の育成に向け，その基礎を培うことが保育所
における食育の目標である。このため，保育所における食育は，楽しく食
べる子どもに成長していくことを期待しつつ，次にかかげる子ども像の実
現を目指して行う。
　　①お腹がすくリズムのもてる子ども
　　②食べたいもの，好きなものが増える子ども
　　③一緒に食べたい人がいる子ども
　　④食事づくり，準備にかかわる子ども
　　⑤食べものを話題にする子ども
　　上にかかげた子ども像は，保育所保育指針で述べられている保育の目標
　を，食育の観点から，具体的な子どもの姿として表したものである。

　また同指針では，発達にあわせた食育のねらいと内容が示されており，

　3歳以上児は，（1）食と健康，（2）食と人間関係，（3）食と文化，（4）いのちの育ちと食，（5）料理と食の5つの項目からとらえています。

　さらに，2018年の改訂（改定）では，3歳以上児の内容で，「先生（保育士等，保育教諭等）や友達と食べることを楽しみ，食べ物への興味や関心をもつ。」とあります。さらに，内容の取り扱いでは次のように示されています（「幼稚園教育要領　第2章ねらい及び内容　健康　3内容の取扱い」）。

> （4）健康な心と体を育てるためには食育を通じた望ましい食習慣の形成が大切であることを踏まえ，幼児の食生活の実情に配慮し，和やかな雰囲気の中で教師や他の幼児と食べる喜びや楽しさを味わったり，様々な食べ物への興味や関心をもったりするなどし，食の大切さに気付き，進んで食べようとする気持ちが育つようにすること。

　保育所保育指針では，第3章健康及び安全　2食育の推進で食育の推進について以下の通りに書かれています。

> 　2　食育の推進
> (1)保育所の特性を生かした食育
> ア　保育所における食育は，健康な生活の基本としての「食を営む力」の育成に向け，その基礎を培うことを目標とすること。
> イ　子どもが生活と遊びの中で，意欲をもって食に関わる体験を積み重ね，食べることを楽しみ，食事を楽しみ合う子どもに成長していくことを期待するものであること。
> ウ　乳幼児期にふさわしい食生活が展開され，適切な援助が行われるよう，食事の提供を含む食育計画を全体的な計画に基づいて作成し，その評価及び改善に努めること。栄養士が配置されている場合は，専門性を生かした対応を図ること。
> (2)食育の環境の整備等
> ア　子どもが自らの感覚や体験を通して，自然の恵みとしての食材や食の循環・環境への意識，調理する人への感謝の気持ちが育つように，子どもと調理員等との関わりや，調理室など食に関わる保育環境に配慮すること。
> イ　保護者や地域の多様な関係者との連携及び協働の下で，食に関する取組が進められること。また，市町村の支援の下に，地域の関係機関等との日常的な連携を図り，必要な協力が得られるよう努めること。
> ウ　体調不良，食物アレルギー，障害のある子どもなど，一人一人の子どもの心身の状態等に応じ，嘱託医，かかりつけ医等の指示や協力の下に適切に対応すること。栄養士が配置されている場合は，専門性を生かし

た対応を図ること。

　以上のように，乳幼児期からの望ましい食習慣の形成のためにも，園における食育が必要であり，計画を立て，家庭や地域と連携しながら進めていく必要性があるといえます。

3　食育計画

　食育活動においても，その他の保育活動と同じように，PDCAサイクルで保育をしていくこが大切です。教育課程や全体的な計画の中で食育の計画も盛り込み，そのうえで，年間の食育計画を立てます。子どもたちの実態とそれぞれの園の環境を考慮して計画を立てていきましょう。表7-1はある園の食育年間計画の例です。

　食育年間計画をもとに，活動内容を決定し，活動ごとに食育の指導計画を立てます。その指導計画のもと，実践し，実践を評価し次にいかすことが大切です。（3）評価の観点に基づいて評価することにより，子どもの実態に合った食育の実践となり，保育の質の向上にもつながります。

4　食物アレルギー児への対応

　食物アレルギーとは，特定の食物を摂取したり，触れたりしたことによって，不利益な症状が起きることです。図7-1にあるように，東京都の調査では，2019（令和元）年度において3歳までに何らかのアレルギー疾患があると医師に診断された子どもは38.1％，食物アレルギーがあると診断された子どもは14.9％もいます。食物アレルギーの子どもが，クラスに必ず1人はいる状態であるといえるでしょう。

　保育所保育指針　第3章健康及び安全　2食育の推進（2）食育の環境の整備等では，「ウ　体調不良，食物アレルギー，障害のある子どもなど，一人一人の子どもの心身の状態等に応じ，嘱託医，かかりつけ医等の指示や協力の下に適切に対応すること。栄養士が配置されている場合は，専門性を生かした対応を図ること。」とあります。

　園では，昼食やおやつなど食物を摂ります。食物アレルギーを持つ子に対しては，原因となる食物を除去した「除去食」や「代替食」の提供が基本となります。しかし，誤飲・誤食により，蕁麻疹などの皮膚症状や，咳・ぜんそくなど呼吸器症状が出ることがあったり，アナフィラキシーショックで命にかかわることが起こったりする可能性があります。

　アレルギーを持つ子の誤飲や誤食を防ぐためにも，保護者との連携をとり対応を決めておく必要があります。2019年に改訂された「保育所に

（3）指導計画を立てる際には，年間計画，幼稚園教育要領，保育所保育指針，幼保連携型認定こども園教育保育要領だけでなく，厚生労働省「楽しくたべる子どもに──保育所における食育に関する指針」2004年，も参考にしましょう。

表 7 - 1　保育園　5 歳児の食育年間計画

園の食育活動のテーマ
・楽しく食事をしよう
・色々な食べ物に親しもう
・食事のマナーを身に付けよう
・望ましい食事のとり方を知ろう
・食材や調理器具に興味を持ち，作ってみよう

年間目標
・栽培や収穫を通し食材への感覚を豊かにする
・調理体験から食べてもらえる喜びや作ってくれた人への感謝，他者への思いやりの心を育む
・三角食べを意識し，限られた時間で食べる

期	ねらい	内　容	配　慮
Ⅰ期 （4〜5月）	・食事のマナーを理解し，守ろうとする。	・自分たちで好ましい食事の雰囲気を考え，楽しく食べる工夫をする。 ・食育活動を通して，作ることの楽しさや達成感を感じる。 ・食事のマナーを身に付け，食べるときの姿勢を確認する（座り方，肘，足など）。	・3色食品群の表を掲げ，毎日の献立に何が入っているのか確認できるようにする。 ・絵本や散歩から，子ども達が食べたい，作ってみたいと思える環境構成をする。
Ⅱ期 （6〜8月）	・自分の健康に関心を持ち，必要な食品をとろうとする。 ・積極的に栽培活動やクッキングに取り組む。	・食品の種類によって体への働きに違いがあることを知る。 ・栽培を通して食材の成長を喜び，調理することで食材が生かされることを学ぶ。 ・三角食べを意識して主食・おかず・汁物をバランスよく食べていく。	・体の仕組みに興味が持てるように，図鑑や絵本を用意する。 ・子どもの食生活と関係の深い人々と触れ合い，自分の感情や意思を表現しながらともに食事を楽しむ。 ・目で見て楽しめ，食べたくなるような彩りや盛り付けを工夫する。
Ⅲ期 （9月〜12月）	・非常食の慣れない食べ物や苦手な食べ物にも挑戦しようとする。	・非常食の必要性を知り，食べる。 ・楽しく食事をしながら，時計を見て決められた時間の中で食べ終わるようにする。	・命を守るために非常食を好き嫌いせずに食べられるように援助する。 ・楽しく会話をしながらでも時間内に食べ終わるように声をかける。
Ⅳ期 （1〜3月）	・食に関わる人々に感謝の気持ちを持つ。 ・食事のマナーを身に付け，食べるときの姿勢を意識しながら食べようとする。	・体の仕組みと食べ物の働きを知り，バランスよく食べることの重要性を知る。 ・異文化の食事や行事・郷土料理に関心を持ち，それぞれの良さを知る。 ・食育活動を通して，給食の献立を考え，バランスの良い食事を知る。	・自分の体の仕組みと食べ物の働きを伝え，バランスよく食べることの大切さを知らせる。 ・保育園での給食の思い出を振り返りながら，小学校への期待を持てるように配慮する。

出所：中野打越保育園（東京都）の 5 歳児の食育年間計画をもとに筆者作成。

おけるアレルギー対応ガイドライン⁽⁴⁾」をもとに行われている，実際の園での事例を示します。

（4）厚生労働省「保育所におけるアレルギー対応ガイドライン（2019年改定版）」2019（平成31）年 4 月，https://tokyo-pediatrics.org/wp/wp-content/uploads/2019/05/370ae5a9a247870ff5f0fbae2d86e88d.pdf（2023年5月23日閲覧）。

（事例 1 ）アレルギーを持つ子どもへの保育者や調理室，保護者との連携
①アレルギーを持つ子どもの把握をする（保護者からの申し出，入園時の書類）。
②アレルギーを持つ子どもの保護者へ，生活管理指導表（保育所におけるアレルギー対応ガイドライン中の様式）を配布し，かかりつけ医に記載していただく。
③かかりつけ医が記載した，生活管理指導表に基づいて，保護者と面談をする。面談時は，アレルギーの原因食品やどの程度の症状なのか等を確認し，食事をどのように対応するか話し合う。その際，保育者に情報を

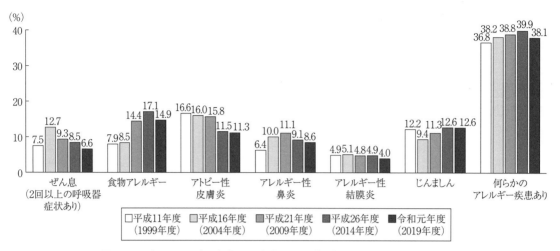

図7-1　各アレルギー疾患のり患状況の推移（これまでに診断された児）

出所：東京都健康安全研究センター「アレルギー疾患に関する3歳児全都調査（令和元年度）報告書」令和2年10月，
https://www.fukushihoken.metro.tokyo.lg.jp/allergy/pdf/20203saiji_1.pdf（2022年6月6日閲覧）をもとに筆者作成。

> 　　共有することを同意していただく。
> ④保護者に食物アレルギー給食対応申込書（園様式）を提出していただく。
> ⑤教職員で，話し合いを持ちアレルギーを持つ子の対応について，共通理
> 　解を図る。
> ⑥保護者面談を行い，食物アレルギー給食対応決定通知書（園様式）をも
> 　とに，アレルギーを持つ子に対しての必要な対応を確認し，園としての
> 　方針を保護者に伝え，これからの対応を話し合う。

　給食等で飲食を伴う際は，献立表での保護者と園による事前チェック
→調理室での確認→担任によるチェックと，何重ものチェックをしてか
ら配膳するなど，細心の注意を払わなければなりません。

　また，対象児の状況により，食事を摂る際の環境構成（トレーの色を
変える，座る席に配慮する）についても検討が必要です。食後も，下膳を
最初に行う，消毒を念入りに行うなどの対応をしています。

　アレルギーを持つ子どもが，自身のアレルギーについて理解できるよ
うになってきたら，当日の献立に自分が口にしてはいけない食品を保育
者と確認するようにし，自分の身を守ることができるように援助してい
くことも必要でしょう。さらには，クラスの子ども達にもわかりやすい
ように伝え，互いに注意できるような雰囲気をつくっていきましょう。

　万が一，アレルギーが発生した場合には，マニュアルに沿って対応し
ます。アナフィラキシーショックが疑われる場合には，保護者から預
かっているアナフィラキシー補助治療剤（エピペン®）を打つことになり
ます。^{（5）}

（5）各都道府県で「食物
アレルギー緊急時対応マ
ニュアル」を作成していま
す。調べてみましょう。

写真7−1　なすの苗植え
写真提供：中野打越保育園（東京都）。

写真7−2　おにぎり作り　3歳児
写真提供：中野打越保育園（東京都）。

2．保育の場における「食育（活動）」実践例

　前節で説明したように，園における食育は，「食を営む力」の育成に向け，その基礎を培うことをねらいとして行われています。

　食への興味を高めるための食育活動として，具体的に，よく園で行われている実践例をまとめます。

1　実践①栽培して収穫をしよう

　自分たちで農作物を栽培することによって，農作物を作ることの大変さ，食べ物の命をいただくことへの感謝の気持ちが育つようにしましょう。苦手だった野菜でも，自分たちで育てた野菜であることをきっかけに食べられるようになることもよくあります。どのような野菜を育ててみたいか子ども達と相談しながら，収穫後の事も考えて，何を育てていくかを考えていきましょう(6)（写真7−1）。栽培することによって，匂い，トゲトゲ感，実の付き方，形などを実感できます。できれば生育の違いを知るために，数種類の野菜を栽培すると良いでしょう。さらに，ICT等を利用し，栽培の仕方を調べたり，観察の記録をポートフォリオ等で子ども達と一緒にまとめ，生長の過程を振り返ったりすることも検討してみましょう。

　栽培が難しい場合でも，芋ほり遠足や果物狩り遠足などで，収穫を楽しむ経験ができるとよいでしょう(7)。

2　実践②クッキングをしよう

　クッキングでは，食材本来の形を見たり，触れたり，匂いをかいだりすることや，調理して完成させることができた時の達成感や満足感を得

（6）栽培にはそれぞれの野菜で適した時期があります。子ども達と一緒に収穫を楽しむことも考慮して，いつ頃から栽培を始めたらよいのかも調べておく必要があります。野菜には旬があることを伝える機会にもなります。

（7）収穫してきたものでクッキングをしたり，製作活動につなげたりということもあるでしょう。地域の特産物を収穫したのであれば，その地域特有の調理方法や文化にふれることも良いでしょう。

ること，普段，食事を作ってくれる人への感謝の気持ちを持つことができるようになる等が経験できます（写真7-2）。最近では，しょうゆや味噌，塩などを地域の人の力を借りながら，作っていく園もあります。クッキングは，安全面・衛生面に注意が必要ですので，活動前の念入りな準備が必要です。事例2は，子ども達の興味からクッキングへとつながった例です。クッキングも子ども達が主体的に取り組めるよう工夫していきましょう。

（事例2）桜餅をつくってみたい　5歳児

　進級して初めてのおやつ作り。毎日のおやつであるクッキーを作っていると，子ども達から，「もっといろんなおやつを作って食べたい」と意見がでた。翌日B児が桜餅のレシピを持ってきた。

A児：（B児が持ってきたレシピを見て）
　　　「えっ桜餅？　知ってる。駅の店で売っているんだよ。
　　　すごくおいしくて，ママに聞いたら作れるって言ってた。」
B児：「知ってるの？　食べたことある？」

　ちょうど，園庭の桜の花が散り，新葉が出てきたところであり，子ども達にとって身近な環境とマッチしたB児のおやつの提案は子ども達の心をつかんだようだ。他にも桜餅を食べた子がいて，子ども達の興味は桜餅に集中した。
　B児がレシピを持参してから，レシピを持ってくる子がさらに増えていった。

C児：「桜餅って2個あるんだよ。おはぎみたいなのと，ロールケーキみたいなの」
A児：「私のはロールケーキみたいなのだった」
B児：「俺が食べたのは，おはぎみたいのだった」
D児：「ぼくの持ってきたレシピのは，Bくんが食べたのだよ。」

　桜餅への興味はさらに進み，その後自分たちで調べたレシピを使って桜餅作りが行われた。

3　実践③いつもと違う雰囲気で食べてみよう

　「誕生日給食」「バイキング給食」「園庭で給食（写真7-3）」など，いつもとは違うメンバー，いつもとは違う場所，いつもとは異なる雰囲気で食べる機会も子ども達にとっては，「みんなと食べると楽しいな」「もう少し食べてみようかな」等，食に興味を持つ機会になります。

写真7-3　今日は園庭で給食を食べよう

写真提供：中野打越保育園（東京都）。

4　実践④栄養素について知ろう

　食事を栄養バランスよく食べることを知ることも食育のひとつです。栄養士や調理師が所属している園では，栄養士や調理師に栄養バランスのよい食事ができるようになるよう「栄養素について」話してもらう機会を持つことも良いでしょう。保育者が行う場合も，視聴覚教材や質問形式等を利用しながら子ども達にわかりやすく伝えられるようにしましょう。

> （事例3）5歳児3月　今日もはなまる給食かな
> 保育者：「今日のメニューを伝えます。カレーうどん，五目きんぴら，中華
> 　　　　　きゅうり，リンゴです」
> A　児：「うどんは黄色だね」
> B　児：「きゅうりは緑」
> C　児：「あれ赤は？」
> D　児：「カレーかな？」
> E　児：「うどんの中に，肉が入ってるよ。」
> D　児：「じゃ，今日もはなまるだね。」

　何度か機会をもつと，バランスの良い食事について理解し始めます。理解できるようになると，自分たちの食べているものがバランスの取れた食事であることに気付くようになり，事例3のようなやり取りができるようになります。経験を重ねると，自分たちで献立を考えたりすることができるようになりますので，5歳児によるリクエスト給食の機会を持つこともできるでしょう。

5　実践⑤行事や四季・旬を知ろう

　日本には四季があり，折々に行事があります。行事には，十五夜には月見団子（写真7-4）というように，行事にちなんだ食があります。昔

からの伝統文化を伝承するためにも，食を通して行事を楽しみましょう。また，四季に応じた旬を楽しむことも経験したいものです。近年は，スーパーマーケットに行けば，年中販売しているものが多くなってきており，旬がわかりにくくなってきています。旬を話題にしながら，一番おいしいときに食べる経験をしていきましょう。その為にも，保育者が，行事や四季，旬について知識を得ておくことが必要であるといえます。

写真7-4　月見飾り
写真提供：日本女子体育大学附属みどり
幼稚園（東京都）。

6　実践⑥地域との関わり

　実践の例としてまとめてきた①～⑤については，地域と関わったり，地域に伝わることを教えていただいたりなどして，伝統や文化に触れる機会を持ちながら進めていくこともできます。例えば，実践①では，栽培をする際に，地元の農家の方に来ていただき，栽培方法を教えていただく。実践②のクッキングであれば，地域の商店街の方々に協力をしていただきお店に材料を買いに行く。実践③のようにいつもと違う雰囲気で食べるならば，地域の高齢者の方々に園に遊びに来ていただき一緒に食べる。実践④では，園に栄養のプロが所属していなければ，役所の栄養士さんに来ていただき話をしてもらう。実践⑤では，地域の行事である餅つきに参加させていただく。このように，地域の力を活かして食育活動をより充実させていくことも検討していきましょう。

7　実践⑦マナーを知ろう

　食事を楽しむためには，マナーを身に付けることが大切です。食事の前後の挨拶，正しい姿勢で座って食べる，口に物が入っている時は話をしない，箸を持っていないほうの手の使い方，正しい配膳の仕方等は，3歳児くらいから少しずつ身に付けていけるようにしていきましょう。[8]

（8）和食の正しい配膳は，主食は左手前，汁物は主食の右横，主菜は右奥，副菜は左奥，箸は手前正面です。

　本節では，様々な食育活動の一例を示しました。食育活動は保育の中で必要な活動です。日々の保育の中で，子どもの発達段階に合った経験を積み重ねていくことが大切です。食育活動がイベントで終わらないように，計画を立て，評価を行い，遊びや活動につながるようにしなければなりません。

先月の わくわくドキドキ 体験

らいおん組研究室!? 第一弾…塩の謎にせまろう!!

「まずは、見たり触ったり嗅いだり…」
2月末に塩の結晶作りをしたことがきっかけで、「塩」に興味を持ち始めました。そこで、自分の家の「塩」を調べてみると、「うちの塩はね…」と名前や産地などを自慢げに話してくれた子どもたちです。また、岩塩・藻塩・食塩などいろいろな種類の塩を実際に触ってみると、感触や形、匂いの違いなど【五感】を使い様々なことに気がついていました。

「塩はどうやって作るの？」→「次は、砂のろ過実験」
「塩はどうやってつくるの？」という疑問から、図鑑で調べたり、大人に聞いたりして、子どもたちなりに考えてみました。「水を温めたら良いんじゃない？」「乾かす！」などいろいろな意見が出てきたようです。
そこでろ過という過程があることを知り、ろ過の実験を行うことにしました。
泥水がどんどんきれいになっていく様子を不思議そうに見つめる子どもたち。1回も席から立ちあがることもなく、集中してじっと見ている姿もありました。観察する中で「すごい」「なんでこうなるんだろう」と変化に気付き、わくわくドキドキがとまらない様子でした。

《ろ過実験》

「らいおん組オリジナル塩を作ってみよう！！」
子どもたちから「らいおん組オリジナルの塩を作りたい」と声があがり、実際に海水を用意し、作ってみることになりました。
海水を火にかけると、「え、これで本当に塩になるの！？」と興味津々で鍋の中を覗き込みます。蒸発して少しずつ海水がなくなっていることに気づき、不思議そうな表情をみせていた子どもたち。だんだん白い塊が見えてくると「塩だ！塩だ！」と驚き、大発見にとても喜んでいました。
約1時間10分くらい根気よく沸騰させ、見事立派な塩ができあがりました。

果たして塩のお味は!?
出来上がった塩はサラサラというよりは、しっとりとした仕上がり。味見をしてみると、「苦い！」「しょっぱい！」「家の塩の方がおいしい！」と、これも想像とは違っていた様子でした。

実際に見たり触ったり作ったりと本物を通して体験することで、子どもたちの目がキラキラ輝き「もっとやりたい」「もっと調べたい」と意欲的な姿がたくさん見られました。これからも子どもたちの様々な興味を一緒に深めていきたいと思います。

 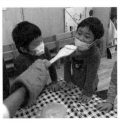 

出来上がった塩を見せに行きました！

図7-2　食育活動の展開例

資料提供：中野打越保育園（東京都）。

（9）写真7-5は，食材の食感を確認するために保育者が作った掲示物です。給食時に，保育者が食材の食感を尋ねます。すると，子ども達は「シャキシャキ」「ふわふわ」等答えます。子ども達に食感と擬音語とが結びつくようにと思って始めたことでしたが，食感を知りたい気持ち，その食感をみんなと共有したい気持ちが芽生え，苦手な食材にも挑戦するようになりました。

（10）図7-2は，月のお知らせで，保育の様子を伝えている部分です。食育活動で「塩」に触れたことで「どうして海の水はしょっぱいの」と「塩」に興味を持ち始め，「塩」をテーマに保育をしました。調味料の一つである「塩」ですが，よく観察すると違うこと，どうしたら塩が作れるのかなどを，友達と協力しながら学んでいる様子が伺えます。

　壁面に食べ物に関する資料が貼ってあれば，友達同士で見たり，話したりするうちに興味を持つこともあるでしょう（写真7-5）。保育者が読む絵本や紙芝居がきっかけになったり，食に関するゲームやクイズからも興味を持ったりします。さらに，図7-2のように食育活動がきっかけとなり，様々な体験へと発展することもあります。園の食育のねらいをふまえ，取り組んでいきましょう。

　乳児期においては，本書の第3章第2節にある保育の在り方が，食育活動となっていくでしょう。発達段階を考慮し，遊びの中でままごとや，食べ物についての絵本や紙芝居などを環境として用意し，食に興味を持てるようにしていきましょう。実際の食材に触れたり，玉ねぎやトウモロコシの皮をむいたり，舞茸やえのきをほぐしたりと食事の準備を手伝うことなどにも挑戦してみましょう。

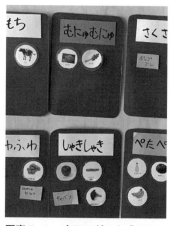

写真7-5　今日はどんな感じかな
写真提供：中野打越保育園（東京都）。

　園の環境によって，食育活動の取組はそれぞれ違ってきます。現在では，新型コロナウイルス感染症の流行により，活動が制限されていることも多くあるでしょう。それぞれの園で，園の環境を活かし，工夫を凝らしながら，食への興味を持てるようにし，食を営む力の基礎を育んでいきましょう。

　どのような環境であれ，おなかがすくリズムを作っていくことは大切です。生活リズムを整え，活発に活動することでおなかがすくリズムの形成もしていきましょう。

3．家庭との連携

　園では，家庭との連携や保護者支援はとても重要視されています。「食」に関しても，家庭と連携しながら進めていかなければなりません。保護者自身にも「食」に興味を持ってもらえるように，園では様々な取組が行われています。

1　食事サンプルの展示

（事例4）「野菜食べられたよ」（3歳児）

（給食サンプルを一緒に見ながら）

　　子ども：「ママ〜見て。今日ね，お野菜食べられたんだよ。」
　　母　親：「すごいね，何のお野菜が入っていたの？」
　　子ども：「きゅうりと人参と……。」
　　母　親：「ほんとだ！　きゅうりと人参が入ってるね。
　　　　　　じゃ，今日の夜は何を食べようかな？」
　　子ども：「きゅうりを買って帰ろうよ。」

　事例4は，降園時に園に置かれた食事のサンプルを見ながら，子どもが野菜を食べられたことを母親に自慢している場面です。園の玄関付近には，食事のサンプルが置かれていたり，写真が貼られたりしています。園のブログで紹介している園もあります。食事のサンプルは，当日子どもが何を食べたのかを伝えるだけでなく，子どもの嗜好を知ったり，どのくらいの量を食べたのかを話したりすることによって体調を確認したりする等，保護者が「食」を通じて，子どもを見つめるきっかけとなっています。

2　献立表・おたよりの配布

　図7-3と図7-4は，実際に配布されている園の給食献立表と給食だよりです。まず，給食献立表を見てみましょう。献立表は，何を食べるのかを伝えることはもちろんですが，バランスのとれた食事の目安を知るきっかけともなります。さらに，この園の給食献立表の特徴は1日の栄養バランスを考え，朝・晩に取り入れると良い食材が書かれていることです。保護者は「何を食べさせたら良いのだろう」と迷っている方もいるので，食材を記入することで，献立表を参考に，メニューを考えることができるようになっています。

　給食だよりにも，工夫が見られます。「春の七草」（行事食）についての解説や，「旬」の食べ物，先生方の出身地の「ふるさと料理」を紹介しています。園での食育活動を伝えることによって，家庭でも取り入れてみようというきっかけとなったり，献立表とリンクしているので，親子での共通の話題になったりします。

　また，給食だよりでは献立のレシピの紹介もされています。「園では野菜を食べているようですが，家では野菜を食べてくれません。園ではどのように作っているのですか」という質問がよくあります。園でのレシピを紹介することで，家庭でも同じ味を取り入れることができます。実際に作ることで，工夫されている点や味付けの濃さの具合などを知ることができ，他の献立にも生かすことができるでしょう。

○○○○保育園　給食献立表　令和○年 月

朝ごはんのヒント	日にち	曜日	メニュー お昼	メニュー おやつ	食材 赤のグループ	食材 黄色のグループ	食材 緑のグループ	夕食のポイント
コーン	4 / 18	火	わかめごはん / 石狩鍋風ミルク味噌スープ（北海道） / 鶏肉のおかか焼き / 和風サラダ / みかん	ホットココア豆乳 / クラッカーサンド	鮭　ツナ　鰹節 / 鶏肉 / 牛乳　クリームチーズ / 味噌　豆乳	米　じゃが芋 / クラッカー / 砂糖　バター / いちごジャム / ブルーベリージャム	大根　人参　葱 / 胡麻　トマト　みかん / 椎茸　えのき　しめじ / 海苔	緑黄色野菜
梅干し	5 / 19	水	ごはん　澄まし汁 / 鯖の塩焼き / 里芋のごま味噌和え / 塩昆布ナムル / トマト	牛乳 / フルーツヨーグルト / ウエハース	鯖 / 豆腐　味噌 / 牛乳　ヨーグルト	米 / 里芋 / 砂糖　胡麻 / ウエハース	人参　三つ葉 / 小松菜　もやし　トマト / キウイフルーツ　バナナ / みかん缶　桃缶 / しめじ　塩昆布	肉
塩昆布	6 / 20	木	ごはん　味噌汁 / 鶏肉の酢豆油煮 / 白菜のツナマヨ和え / 塩茹でブロッコリー / オレンジ	牛乳 / しらすチーズトースト	鶏肉 / しらす　ツナ / 牛乳　粉チーズ / 味噌	米 / じゃが芋 / パン / マヨドレ / 砂糖	蕪　蕪葉　貝割大根 / 白菜　人参　絹さや / コーン　ブロッコリー / オレンジ	淡色野菜
卵	7 / 21	金	七草ごはん / 味噌汁 / 肉豆腐 / チンゲン菜サラダ / バナナ	牛乳 / ごぼうのサクサク揚げ	豚肉　ベーコン / 牛乳	米 / じゃが芋 / 砂糖 / 油 / 胡麻	大根　蕪　蕪葉　牛蒡 / 人参　ほうれん草 / 小松菜　葱　葉葱 / バナナ　グリンピース / チンゲン菜　舞茸　蒟蒻	豆
コーンフレーク	8 / 22	土	もやしの豚味噌丼 / 澄まし汁 / かぼちゃの甘煮 / わかめツナサラダ	りんごジュース / せんべい / バナナ	豚肉 / 豆腐　味噌 / ツナ	米　せんべい / 砂糖　マヨドレ	もやし　葉葱　葱 / 南瓜　人参　キャベツ / 胡瓜　えのき　バナナ / 若布 / りんごジュース	魚介
白菜	24	月	ごはん　澄まし汁 / 鮭のマスタード焼き / 五目ナムル / トマト / バナナ	牛乳 / 味噌ポテト（埼玉県）	鮭 / はんぺん / 味噌 / 牛乳	米 / じゃが芋 / 砂糖 / 油　胡麻油 / 小麦粉	人参　葉葱　トマト / 小松菜　もやし / 大根　胡麻 / バナナ	卵
じゃこ	11 / 25	火	豆腐入りキーマカレー / コンソメスープ / ジャーマンポテト / マカロニサラダ（1/11　マカロニサラダの日） / グレープフルーツ	牛乳 / ココアクッキー	牛肉　ベーコン / 卵 / 牛乳	米 / じゃが芋 / マカロニ　小麦粉 / 砂糖 / 油　バター	人参　玉葱　トマト / ピーマン　大蒜　生姜 / キャベツ　胡瓜 / コーン　グリンピース	緑黄色野菜
切干大根	12 / 26	水	もやしラーメン / かぼちゃのいとこ煮 / ごぼうサラダ / りんご	麦茶 / ひじきごはん / いりこ（ひよこ提供なし）	豚肉　鶏肉 / 油揚げ	米 / 中華麺 / 砂糖　油　胡麻油 / マヨドレ	人参　韮　もやし / 白菜　南瓜　牛蒡 / 胡瓜　絹さや / りんご / ひじき	芋
チンゲン菜	13	木	お赤飯　澄まし汁 / 鶏肉のから揚げ / 納豆チーズサラダ / 茹でカリフラワーカレー風味 / キウイフルーツ	りんごジュース / ミルクティケーキ	鶏肉 / ツナ / 牛乳　チーズ / 卵 / 納豆	米　もち米 / 小麦粉 / 砂糖　油　胡麻塩 / バター	冬瓜　三つ葉　胡瓜 / カリフラワー / 葱　貝割大根 / キウイフルーツ / りんごジュース	こんにゃく
鯖缶	27	木	ごはん　味噌汁 / 肉じゃが / れんこんの梅マヨ和え / 塩茹でブロッコリー / オレンジ	牛乳 / ごまきな粉ボール	豚肉 / 味噌　きな粉 / 牛乳	米 / じゃが芋 / 小麦粉 / 砂糖　胡麻 / 油　バター　マヨドレ	白菜　人参　牛蒡 / 玉葱　グリンピース / 蓮根　胡麻　梅干し / ブロッコリー　オレンジ / 蒟蒻	海藻
かぼちゃ	14 / 28	金	クッパごはん / きんぴらごぼう / じゃこサラダ / トマト / りんご	牛乳 / スイートポテト	鶏肉 / 卵 / じゃこ / 牛乳　生クリーム / 豆腐	米 / 油　胡麻油　バター / さつま芋 / 砂糖	人参　韮　葱 / 牛蒡　小松菜 / キャベツ　トマト / りんご / 椎茸	淡色野菜
じゃが芋	15 / 29	土	スパゲティミートソース / 豆乳味噌スープ / コーンソテー / ビーンズサラダ	オレンジジュース / せんべい / バナナ	牛肉　豚肉　ベーコン / 大豆　豆乳　味噌 / 粉チーズ	スパゲティ / せんべい / 砂糖　油　バター	人参　玉葱　トマト / グリンピース　コーン / セロリ　レタス　胡瓜 / 白菜　バナナ / オレンジジュース	きのこ
納豆	17 / 31	月	パン / トマトスープ / かぼちゃグラタン / フレンチサラダ / グレープフルーツ	麦茶 / 梅おかかおにぎり（1/17　おむすびの日） / いりこ（ひよこ提供なし）	鶏肉　ベーコン / 鰹節 / チーズ	米 / パン　パン粉 / 小麦粉　マカロニ / オリーブ油　バター / いちごジャム	キャベツ　トマト　コーン / 南瓜　玉葱　人参 / グリンピース　コーン / グレープフルーツ / 梅干し	卵

今月の栄養価平均	エネルギー（Kcal）	たんぱく質（g）	脂質（g）	カルシウム（mg）	鉄（mg）	野菜平均摂取量（g）
乳児	454	17.7	15.3	180	2.2	126
幼児	549	21.7	17.9	224	2.8	156

＊　都合により献立内容、調理法、食材の変更がある場合があります。ご了承ください。
＊　パン・中華麺・竹輪・カレールウ・ハヤシルウはは卵・乳不使用のものです。
＊　マヨドレ・・・卵不使用のマヨネーズタイプドレッシング
＊　HM・・・ホットケーキミックス（卵・乳不使用のもの）

今月の郷土料理	
食べ物記念日	
行事食	
誕生会メニュー	

図7-3　保育園の給食献立表

出所：中野打越保育園（東京都）の給食献立表をもとに筆者作成。

1月 給食だより

令和○年度
○○○○保育園
作成者　○○

新たな年が始まりました。ご家庭ではどんなお正月をお迎えになったでしょうか。給食室では本年も子どもたちが給食を楽しめるよう、心を込めて作っていきます。寒い日が続きますが生活習慣を整え、元気な毎日を過ごしましょう。

春の七草

　1月7日は七草の日です。七草の日に七草粥を食べる風習は、上巳の節句（桃の節句）や端午の節句などの五節句の一つで、日本の大切な文化のひとつです。

　七草とは…せり・なずな・ごぎょう・はこべら・ほとけのざ・すずな・すずしろ　の7種類があります。

　1月7日に七草粥を食べると、1年間元気に過ごせるといわれており、疲れた胃腸を休める効果もあります。

　園では 1/7・21（金）の昼食にかぶの葉（すずな）の入った七草ごはんをいただきます。

　ぜひご家庭でも七草粥を味わってみてください。

旬の食材

やさい・くだもの

カリフラワー　大根　牛蒡
小松菜　キャベツ　長芋　長葱
ブロッコリー　白菜　ほうれん草
蓮根　みかん

　1月の ≪私のふるさと料理≫ は
ひよこぐみ担任　○○ ○○さん　の故郷
「北海道」の郷土料理【石狩鍋】です。

○○○さんにインタビュー！

Q. ○○○さんのふるさと（北海道）はどんなところですか？

A. 札幌市の北隣にある当別町（とうべつちょう）という所です。北欧住宅が並ぶスウェーデンヒルズという町名があります。田園風景豊かな町でお米や豚肉、アスパラが美味しい！ △△△（チョコレートで有名な製菓会社）がある。　などなど！

Q. 石狩鍋のおすすめポイントを教えてください。

A. 鮭とイクラが入っているみそ味の鍋。寒い日には温まる鍋です。

Q. みなさんに一言、お願いします！

A. 北海道札幌方面へ旅行の際には声を掛けていただければ穴場を教えちゃいますよ。

　今月は石狩鍋のアレンジメニューである石狩鍋風ミルクスープを 1/4・18（火）に提供します。楽しみにしていてくださいね。

今月のおすすめレシピ 石狩鍋風ミルクスープ

<材料>（2人分）

材料	分量
大根	1/5本
人参	1/3本
じゃがいも	1個
長ねぎ	1/2本
しいたけ	2本
生鮭	1切
味噌	10g
牛乳	200ml
昆布	2g
バター	6g

<作り方>

① 鮭は大きめのぶつ切りにする。

② 大根・人参はいちょう切り、長ねぎは斜め切り、しいたけは薄くスライスする。

③ 鍋に①・大根・人参・昆布を入れ、水（分量外）浸る程度に加えて 15〜20 分程度煮る。

④ 根菜がやわらかくなったら長ねぎ・しいたけを加えて軟らかくなるまで煮る。

⑤ 牛乳を加え沸騰しないように温め、味噌・バターを加えて味を整える。

図7-4　保育園の給食だより

出所：中野打越保育園（東京都）の給食だよりをもとに筆者作成。

3　懇談会や連絡帳，ICTの利用

　懇談会で，子育てで困っていることを保護者に聴いてみると，「好き嫌いが多い」「だらだら食べていて困る」という声があり，園や家庭ではどのような方法をとっているのかを尋ねられることがあります。懇談会は，多くの保護者が集まる場であり，意見交換ができる場でもあります。「食」に関する園の意向を伝え，保護者の方との共通理解を図っておくと良いでしょう。

　また，連絡帳は個別に子どもの状況を伝えることができます。できるようになったことを伝えることはもちろんですが，気になる姿を伝え，原因や解決方法を探りながら，園と家庭とが連携して子どもの食生活を援助できるようにしましょう。園の多くは保護者が送迎をしていますから，保護者と保育者が顔を合わせて直接伝えることもできます。連絡帳で伝わらない場合は，僅かな時間ですが，ICTも利用しながら，子どもの状況をできるだけわかりやすく伝え，共に育てているという気持ちを伝えていきましょう（Episode7-1）。

> **Episode 7-1　どうしたらよいの**
>
> 　離乳食を始めたH君，家庭での離乳食が思うように進まず，母親はとても不安そうでした。「園では食べているのに，家では食べてくれない。園ではどうしているのか」と担任に相談がありました。母親にとって，初めての事ばかりで，離乳食のイメージがうまく捉えられない様子だったので，タブレット端末で出された離乳食と，それを食べている子どもの様子を撮影し，降園時に母親に見てもらうことから始めました。特によく食べた日は，その旨を伝え，その食材での離乳食を家庭でも挑戦してもらうようにしました。上手くいき喜んだり，上手くいかず落ち込んだりする母親の姿がありましたが，共感しながら進めていきました。「子どもの食べている様子を見てみたい」と母親から申し出があったときは，実際の給食場面を覗いてもらい，そのあとに，子どもが食べたものと同じもの・同じ量を試食してもらいました。離乳食のステージが変わる際には，栄養士も同席の面談をし，レシピを紹介したり，母親の困っていることの相談に乗ったりしました。その間も，タブレット端末を用いた日々の報告は続け，母親も見守ってきました。少しずつではあったものの，家庭でも離乳食も食べられるようになり，スムーズに幼児食に移行することもできました。H君は，好き嫌いもなく，いろいろな食材や調理法に挑戦しています。同じように，母親も，H君の為に引き続き努力をされています。

4　試食会の実施

　実際に子ども達が食べている給食を，保護者にも食べてもらい，味付

けや固さ，量を知ってもらうための試食会を行うこともあります。試食会とせずに，誕生日会給食や参観日として給食を一緒に食べてもらうこともあります。保育者の言葉がけや，食が進まないときの対応も，保護者にとっては参考になるようです。

4．小学校教育の学びとつながり

　本章第1節で説明した通り，食育は乳幼児期だけでなく，生涯にわたって取り組むことがいわれています。

　図7-5にあるように，幼児教育から高等学校まで切れ目のない食育を推進していくことで，子どもの健康な食習慣の定着を図っていくことが大変重要です。学校では，学校給食を中心に，教科等横断的な視点から教育課程を編成し，様々な教科で食育に取り組んでいます。食に関する指導の全体計画についても，資質・能力に関する整理を踏まえて作成・評価・改善し，地域や家庭とも連携・協働した実施体制を確保していくことが重要であるとされています。[11]

　学習指導要領においては，「学校における食育の推進」を第1章の総則に位置付け，指導については「体育科，家庭科及び特別活動の時間はもとより，各教科，道徳科，外国語活動及び総合的な学習の時間などにおいてもそれぞれの特質に応じて適切に行うよう努めること。」とあります。教育課程の編成及び実施に当たっては，教科等横断的な視点に立ち，新たに食に関する指導の全体計画と関連付けながら効果的な指導が行われるよう留意することとされています。

　小学校では，99.0％の学校が，学校給食を実施しており，食の時間に食に対する正しい知識や望ましい食習慣を身に付けています。[12]また，第4次食育推進計画では，学校給食における地場産物を活用した取組等を増やすために，

・栄養教諭による地場産物に係る食に関する指導の平均回数を月12回以上
・学校給食における地場産物を使用する割合を現状値（令和元年度）から維持，向上した都道府県の割合を90％以上

という目標値を設定して取り組んでいます。

　栄養教諭は，学校の食に関する指導に係る全体計画の策定，教職員間や家庭との連携・調整等において中核的な役割を担う職であり，各学校における指導体制の要として，食育を推進していく上で不可欠な教員です。栄養教諭・管理栄養士等を中核として，関係者が連携した体系的・

(11) 文部科学省「食に関する指導の手引き——第二次改訂版」平成31年3月，https://www.mext.go.jp/content/20210716-mext_kenshoku-100003341_1.pdf（2023年5月23日閲覧）。

(12) 文部科学省初等中等教育局健康教育・食育課「学校給食実施状況調査（令和3年5月1日現在）」https://www.mext.go.jp/content/20230125-mxt-kenshoku-100012603-1.pdf（2023年7月28日閲覧）。

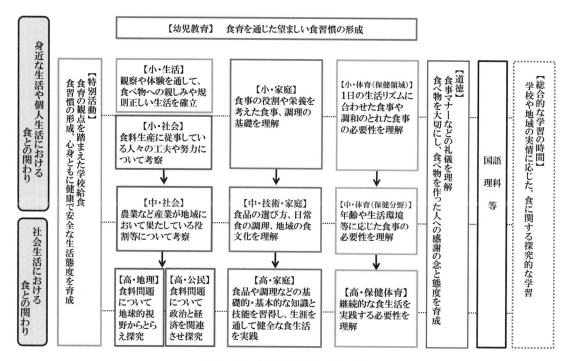

図7-5　食育に関するイメージ

出所：文部科学省「幼稚園，小学校，中学校，高等学校及び特別支援学校の学習指導要領等の改善及び必要な方策等について（答申）別紙4 健康・安全・食に関わる資質・能力」https://www.mext.go.jp/component/b_menu/shingi/toushin/__icsFiles/afield-file/2016/12/27/1380902_2.pdf（2023年5月23日閲覧）。

継続的な食育を推進することが求められています。しかし，令和3年度の栄養教諭の配置状況は，全国で6,752人であり，栄養教諭の配置促進を進めることも大切な状況です。[13]

　食育も，幼児期に経験したことが基礎となり，小学校以降への学びにつながっています。幼児教育でも，小学校の接続を意識し，教育課程や全体の計画を編成していく必要があります。

【Work】

①好き嫌いをどうやって克服してきたかを，話し合ってみましょう。そのうえで，子ども達にはどのように援助していくかを考えてみましょう。

②食生活の環境の変化とは，どのようなことが挙げられるでしょうか，

(13) 文部科学省「栄養教諭の配置状況（平成17年度〜平成27年度）」https://www.mext.go.jp/content/20220222-mxt_kenshoku-100003340-1.pdf（2023年5月23日閲覧）。

調べてみましょう。

③子ども達が，食に興味を持てるような遊びを考えてみましょう。

④行事食について学びを深めるために，行事の由来と，なぜその行事食が食べられるようになったのかを調べてみましょう。

＜写真・事例提供園＞

社会福祉法人青柳保育会　中野打越保育園

学校法人太田学園　港南台幼稚園

学校法人二階堂学園　日本女子体育大学附属みどり幼稚園

＜参考文献＞

師岡章編著『幼稚園・認定こども園　食育・アレルギー対応』中央法規出版，2021年。

太田百合子・岡本依子監修『0〜5歳児　食育まるわかりサポート＆素材データブック』学研，2022年。

堤ちはる監修『図解でよくわかる新・食育ガイドブック』メイト，2018年。

第**8**章

運動遊びにかかわる指導

運動指導と異なり，運動遊びにかかわる指導は，活動内容や指導形態を問わず乳幼児にとって「遊び」という形になっている必要があります。この章では，乳幼児の運動遊びのねらい，遊びの定義，具体的な指導方法などについて確認します。

1．しなやかな心と体を育てる指導

　幼稚園教育要領等では「心と体の健康は，相互に密接な関連があるものであることを踏まえ，幼児が教師や他の幼児との温かい触れ合いの中で自己の存在感や充実感を味わうことなどを基盤として，しなやかな心と体の発達を促すこと。特に，十分に体を動かす気持ちよさを体験し，自ら体を動かそうとする意欲が育つようにすること。」と示されています（第2章　ねらい及び内容　健康　3内容の取扱い（1））。

　しなやかとは「しなうさま，弾力があってたわむさま」の意で，しなやかな心とは頑張ろうと思う気持ちや，上手くいかなかった時でも挫けずまたやってみようとする気持ちのことです。また，しなやかな体とは上手に体をコントロールして動かせる体，たくさん遊んでもすぐに回復してまた遊ぶ元気な体のことを指します。子どもは体を使って遊ぶ中で「やってみたい」といった意欲を持ったり，「できた」といった自信を感じるものです。また，保育者や友達との関わりの中で社会性や認知的な発達も遂げていきます。このように，乳幼児期の運動は運動能力の向上など身体面の発達だけでなく，精神面の発達も促す活動であることを幼稚園教育要領等は示しています。保育者には，心と体の成長・発達は車の両輪であることを念頭に置いて，トレーニングのようにただ体を動かすのではなく，体を動かして遊ぶことで子どもが楽しさや充実感を存分に味わえるようにすることが求められます。

2．遊びを指導するとは

　遊びを「子どもが好き勝手にするもの」，指導を「保育者が教えたり指示すること」と捉えてしまうとこれらの間に矛盾があるように見えますが，この2つを両立させることこそ保育の要諦と言っても過言ではあ

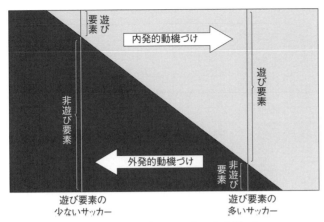

図 8 - 1　連続体としてとらえた遊び

出所：杉原隆『新版・運動指導の心理学』大修館書店，2018年，146頁をもとに筆者作成。

りません。その考え方，方法をしっかり理解しましょう。

1　遊びとは

　遊びの定義は様々にありますが，杉原は「自己決定と有能さの認知を(1)追求する内発的に動機付けられた状態」と定義しています。内発的に動機付けられた状態とは，縄跳びを例に取ると，縄跳び自体の楽しさに引き付けられ，縄跳び自体が目的となっている（自己目的的な）活動を指します。これに対し，例えば「先生がほめてくれる」「ごほうびがもらえる」といったことが目的となって縄跳びを行っている場合は，縄跳びは手段として行っている状態であるといえます（外発的に動機付けられた状態）。

　この定義に従えば，遊びを指導するとは，内発的に動機付ける，すなわち子どもの自己決定を尊重するということになります。子どもが自己決定できる部分が多ければ内発的動機付け，つまり遊びの要素は高まり，保育者が決める部分が多ければ遊びの要素は低くなります（図8-1）。実際には「縄跳び自体が楽しくてやりたい，そしてうまくできると先生がほめてくれるのでやりたい」といったように，大抵の活動には内発的要素と外発的要素の両方が含まれており，100％内発的（外発的）といったことは稀です。したがって，内発的か外発的かという二分法的に考えるのではなく，子どもがどれだけ内発的に動機付けられるよう指導できるかが重要になり，その見極めの視点が「子どもがどれだけ自己決定しているか」ということになります。

　また，運動遊びを通して子どもは様々な自己概念を形成していきますが，特に育んでいきたいものとして「有能さの認知」，すなわち自己有

（1）杉原隆「幼児期の運動発達の特徴」杉原隆・河邉貴子編『幼児期における運動発達と運動遊びの指導』ミネルヴァ書房，2014年，12-30頁。

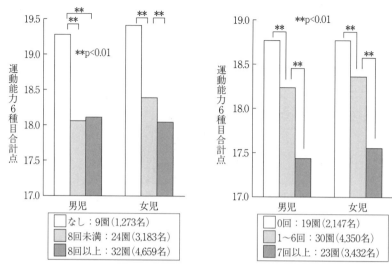

図8-2　幼稚園での1か月当たりの運動指導頻度による運動能力の比較
　　　　幼稚園での運動能力頻度による運動能力の比較（2002年調査）

注：運動能力6種目は，①25走，②立ち幅跳び，③体支持持続時間，④ソフトボール投げ，⑤両足連続跳び越し，⑥捕球。
出所：杉原隆ほか「幼児の運動能力と運動指導ならびに性格との関係」『体育の科学』60（5），2010年，342頁をもとに筆者作成。

能感（自分がどれだけ有能であるか，できると思うかに関する信念）があります。子どもは「できた！」という喜びを感じると，もう一度「できた！」を経験したいという意欲を高めて何度も挑戦しようとするものです。その積み重ねが自己有能感を高め，運動好きな子に育っていくことが考えられます。逆に「できない」経験が重なると，どうせやっても無理だという無力感が形成され，運動に対する消極性や運動嫌いになる可能性も否定できません。このように，乳幼児期の「できた」「できない」という経験は子どもの自己概念の形成，運動への関わり方を大きく左右することになります。保育者は，運動遊びの中で子どもが「できた！」という経験をできるだけたくさん感じられるようにしなければなりません。

　　杉原ほかは，幼稚園での運動指導と園児の運動能力との関連を検討し，専門的な運動指導を多く実施している園の園児よりも，運動指導を全くしていない園の園児の方が運動能力は高かったことを明らかにしています（図8-2）。この理由として，①運動が一斉指導の形態を取っており，説明を聞く時間や順番を待つ時間が長くなり結果として体を動かす時間が短くなる，②同じ運動の繰り返しになり，結果として多様な動きが経験できない，③子どもにとって必ずしもやりたい運動ではなく，仕方なくやっている子どもが出てきてしまうことが考えられています。遊びの

（2）杉原隆ほか「幼児の運動能力と運動指導ならびに性格との関係」『体育の科学』60（5），2010年，341-347頁。

指導とは，子どもが自己決定でき，自分なりに楽しく運動に取り組める
ようにして，「やりたい！」と内発的に動機付けて積極的に遊ぶように
誘導することです。その結果として，遊びの中で子どもが様々な動きを
経験できるようにすることが肝要です。

2　子どもが自己決定できる部分を増やす

　幼稚園教育要領解説では，第 1 章総説，第 4 節 指導計画の作成と幼
児理解に基づいた評価，3 指導計画の作成の留意事項，（7）教師の役
割において「教師は，幼児の発達の過程を見通し，具体的なねらい及び
内容を設定して，意図をもって環境を構成し，保育を展開しなければな
らない。その際，幼児の主体性を重視するあまり，『幼児をただ遊ばせ
ている』だけでは，教育は成り立たないということに留意すべきであ
る。」と示されています。

　遊びでは子どもの自己決定を保障して内発的に動機付けられた遊び要
素の高い活動とすることが重要ですが，それは何をどのように遊ぶか，
その全てを子どもに放任するということではありません。遊びを子ども
に放任すれば，子どもは自分の好きなことを繰り返し遊ぶようになりま
すが，これは子どもの個性を育む半面，体を動かすことが好きな子は運
動能力が大きく伸び，そうでない子は運動能力がなかなか伸びていかな
い，といったことにもなりかねません。そうではなく，活動は保育者が
ねらいにもとづいて用意した上で，その中に子どもが自己決定できる部
分を多く作っておくことが必要です。例えば，ボール投げの遊びをする
場合，ひとつの的を用意して，上手投げ限定でひとりずつ順番にやらせ
る，といった方法だと，子どもが自己決定できる部分はほぼなく，遊び
要素は極めて少ないものとなります。ここに，大きさ，高さ，距離が異
なる複数の種類の的や，大きさ，重さ，素材などが異なる複数のボール
を用意すれば，子どもは自分の好きな的やボールを自己決定して遊ぶこ
とができるようになり，遊び要素を高めることができます。さらに，上
手投げに限定せず，下手投げ，片手投げ，両手投げ，更には蹴っても転
がしてもよいということにすれば，子どもが自己決定できる部分は極め
て大きくなり遊び要素の高い活動となります。加えて，運動のやり方の
幅も広がって，子どもが次々に挑戦できるようにもなります。

　このように，遊びの指導では，単に子どもに遊びを放任するのではな
く，保育のねらいに基づいて活動を提示しつつ，活動の中に子どもの自
己決定できる部分多く作っておくことが不可欠といえます。

3．運動遊びにおける保育者の役割

　小さな子どもにも個性や好みがあり，運動遊びに積極的な子もいれば消極的な子もいます。どのような子にとっても運動遊びが楽しいものと感じられるようにすることが保育者には求められます。その具体的な方法を3点確認しましょう。

1　遊び仲間になる

　保育者は保育環境の一つであり，その立ち振る舞いや醸し出す雰囲気は子どもに大きな影響を与えます。運動遊びにおける保育者の最も重要な役割として，保育者自身が率先して体を動かすことを楽しむモデルとしての役割が挙げられます。保育者自身が快活であればそれが子どもに伝わって「先生が楽しそうだから一緒にやろう！」と遊びを駆動させるだけでなく，保育者の運動の仕方が子どもの憧れとなって「先生みたいにやってみたい！」と遊びが一層発展したり，それが別の新たな経験や事物との出会いに繋がっていきます。一緒に遊ぶことは保育者と子どもが心を通わせることにもつながります。

　乳幼児は言葉の理解力がまだ高くないため，やり方を子どもに伝える際は言葉による説明よりも保育者がモデルとなって実際にやって見せた方が効果的です。説明を簡潔に済ませれば時間の無駄もなくなります。

　また，監視や注意で子どもを萎縮させるようなことはあってはならず，子どもの楽しい気持ちを一層醸すような存在でなければなりません。

2　たくさんの達成経験をさせる

　子どもは基本的に遊びたい意欲を強く持つ活動的な存在といえますが，その一方で飽きっぽい一面も持ち合わせています。このような子どもの特性を踏まえつつ，子どもの意欲を高めて遊びに巻き込んでいくことが必要になります。

　大人と違い，子どもはちょっとしたことで達成感（自己有能感）を感じます。乳児なら数段の階段を昇り切ったこともとても大きな「できた！」経験です。このようなちょっとした達成経験を見逃さず，何度でも挑戦できるようにして自己有能感をより高めることが大切です。階段の例で言えば段数を増やす，段差が大きな階段を昇り降りさせてみるなど，スモールステップで課題レベルを上げることが有効です。

　また，子ども自身が達成を理解しやすくしておくことも有効な手立て

です。例えば，走って遊ぶのであればゴール地点に保育者が立って「ゴール！」と声を掛けてあげるだけで走り切った達成感は随分得られやすくなりますし，ゴールテープを用意するなどの感覚的効果を付ければさらに効果的になります。また，先のボール投げの遊びの例ように，難しさの異なる複数の選択肢を用意して子どもに自己選択させることで，運動の苦手な子でも達成感を味わいやすくなります。幼児ではゲームや競技で勝負を楽しむことも有効で，やる場合は勝ち負けをはっきりさせて喜びや悔しさを味わえるようにします。ただし，負けが続けば無力感に繋がることも考えられ，ルールやゲーム自体を変えるなど，皆が勝ち負け両方を経験できるようにすることが大切になります。

3　肯定的なフィードバックをする

　子どもが達成経験から自己有能感を感じていることを察して，これに保育者が肯定的なフィードバックをすることは極めて重要です。乳幼児の自己評価の傾向として，自分の能力を実際よりも高く評価すること，努力と能力を同等のものと考えること，大人の称賛を額面通りに受け取ることが挙げられます。実際の運動能力は誕生月や成育速度による個人差が極めて大きいものですが，乳幼児は実際の出来栄え・パフォーマンスはあまり気にしていないことがほとんどです。重要なのは実際にできたどうかではなく，子ども自身が「できた！」と感じているか，つまり頑張ったかどうかであり，これに対して保育者が「がんばったね」「できたね」「すごいね」といった肯定的なフィードバックをすることが子どもの自己有能感を一層高め，もっとやりたいという意欲に繋がっていきます。子どもは自己有能感を感じた時，「見てー」と保育者にフィードバックを求めることが多いものですが，子どもの「見てー」は自己有能感を高めるチャンスと捉え，丁寧に肯定的フィードバックをすることが重要です。

　実際にできてないからといって「そうじゃない」「こうやりなさい」といった指示型フィードバックをしたり，「どうすればもっと上手にできるかな」といったコーチング型フィードバックをすることは乳幼児に関しては必ずしも適切とはいえません。

4．動きを引き出す環境を用意する

　乳幼児期は様々な動きを経験することが重要ですが，保育者主導で「やらせる」指導ではなく，遊びという形で誘導的に経験させることが

> **コラム8-1　他地域との関連**
>
> 　写真は「しゃがんで」木の枝で水面を「叩いて」遊んでいる様子ですが，これらの動きを経験しながら，水の音にも思いを馳せているかもしれません（領域「表現」），水面の波紋を不思議に思っているかもしれません（領域「環境」）。友達と一緒に叩いて楽しみ，言葉と心を通わせることもあるでしょう（領域「言葉」「人間関係」）。動きの経験と併せて，子どもの内面や学び・育ちを幅広く見取っていくことが保育者に求められます。
>
>
>
> **写真8-1　「しゃがんで」水面を「叩く」**
>
> 写真提供：みらいえ保育園吉祥寺（東京都）。

求められます。動きを多様に経験できる環境づくりの工夫を確認しましょう。

1　子どもの動きを把握する

　乳幼児期は多様な動きを経験することが運動発達上重要になりますが，「歩く」「しゃがむ」「立つ・立ち上がる」といった誰でも毎日経験している動きがある一方，例えばスポーツの基本動作である「走る」「跳ぶ」「投げる」「打つ」「蹴る」など，日常生活で経験するとは限らないような動きもあります。

　遊びの中で多様な動きを経験できるようにするためには，ただ漫然と遊ぶのではなく，子どもが経験している動き，特に経験が少ない動きを把握する必要があります（表8-1）。その際，活発な子だけでなく活発でない子にも着目することが大切です。

2　様々な動きを経験しやすい活動・環境を用意する

　子どもが経験している動きを把握したら，そこから経験させたい動きを定め，それを経験しやすい遊びやふさわしい場・教材を検討します。

　幼稚園教育要領解説では，第2章　ねらい及び内容，第2節　各領域に示す事項，1　心身の健康に関する領域「健康」，内容の取扱い（3）において「幼児は一般に意欲的に活動する存在であり，魅力的な環境に出会えば，生き生きとそれに関わる。室内の活動に偏り，戸外に関心を

表 8-1　運動パターン観察表

担当学年（○をつけてください）：3 歳児・4 歳児・5 歳児　　クラス名＿＿＿＿＿＿＿＿＿
　あなたのクラスの子どもは最近，どのような動きをしていますか。（最近：1 か月 or 1 学期）
　以下の動きについて「行っている子どもの割合」と「その頻度」の 2 点から当てはまる欄に○印をしてください。

クラスで行っている子どもの割合					運動パターン	クラスで観察された頻度				
どの子にもまったく見られない	一部の子に見られた	半数くらいの子に見られた	多くの子に見られた	ほとんどすべての子に見られた		ほとんど見られない	半数以下の日に見られた	ほぼ半数の日に見られた	半数以上の日に見られた	ほとんど毎日見られた
1	2	3	4	5	1　寝ころぶ─起き（立ち）上がる	1	2	3	4	5
1	2	3	4	5	2　逆さまになる，逆立ちする	1	2	3	4	5
1	2	3	4	5	3　バランスをとる	1	2	3	4	5
1	2	3	4	5	4　ぶらさがる	1	2	3	4	5
1	2	3	4	5	5　走る，追いかける─逃げる	1	2	3	4	5
1	2	3	4	5	6　跳ぶ，跳びこす，跳びつく，跳びはねる，スキップする	1	2	3	4	5
1	2	3	4	5	7　ころがる，でんぐり返しをする	1	2	3	4	5
1	2	3	4	5	8　這う	1	2	3	4	5
1	2	3	4	5	9　浮く，泳ぐ，もくる	1	2	3	4	5
1	2	3	4	5	10　乗る，こぐ	1	2	3	4	5
1	2	3	4	5	11　登る，降りる	1	2	3	4	5
1	2	3	4	5	12　すべる	1	2	3	4	5
1	2	3	4	5	13　身をかわす	1	2	3	4	5
1	2	3	4	5	14　まわる，回転する	1	2	3	4	5
1	2	3	4	5	15　くぐる，入り込む	1	2	3	4	5
1	2	3	4	5	16　持つ，つかむ，にぎる	1	2	3	4	5
1	2	3	4	5	17　かつぐ，持ち上げる─下ろす	1	2	3	4	5
1	2	3	4	5	18　積む，のせる，置く	1	2	3	4	5
1	2	3	4	5	19　運ぶ	1	2	3	4	5
1	2	3	4	5	20　投げる，当てる，落とす	1	2	3	4	5
1	2	3	4	5	21　捕る（キャッチする），受ける	1	2	3	4	5
1	2	3	4	5	22　打つ，たたく，つつく	1	2	3	4	5
1	2	3	4	5	23　（ボールなどを）つく，はずませる	1	2	3	4	5
1	2	3	4	5	24　ころがす	1	2	3	4	5
1	2	3	4	5	25　蹴る	1	2	3	4	5
1	2	3	4	5	26　踏みつける	1	2	3	4	5
1	2	3	4	5	27　組む，抱く	1	2	3	4	5
1	2	3	4	5	28　負う，おぶさる	1	2	3	4	5
1	2	3	4	5	29　押す，押さえる	1	2	3	4	5
1	2	3	4	5	30　ささえる	1	2	3	4	5
1	2	3	4	5	31　振る，振りまわす，まわす	1	2	3	4	5
1	2	3	4	5	32　引く，引っ張る，引きずる	1	2	3	4	5
1	2	3	4	5	33　縛る，巻く	1	2	3	4	5
1	2	3	4	5	34　たおす，押したおす	1	2	3	4	5
1	2	3	4	5	35　掘る	1	2	3	4	5

出所：杉原隆「幼児期の発達的特徴に応じた運動指導のあり方」杉原隆・河邉貴子編『幼児期における運動発達と運動遊びの指導』
　　　ミネルヴァ書房，2014年，48頁。

示さない傾向があるとすれば，戸外の環境の見直しをしなければならない」としています。乳幼児にとっては真っ平な地面よりも起伏の変化や，砂利，土，草むらなどの地面のバリエーションがあった方がより魅力的になります。遊びの場は，単一・画一的なものよりも多様で変化に富む場所の方が子どもの興味や関心，環境への働きかけを引き出し，結果として多様な動きを経験しやすくなります。

　中でも自然については，幼稚園教育要領等において「自然の中で伸び伸びと体を動かして遊ぶことにより，体の諸機能の発達が促されることに留意し，幼児の興味や関心が戸外にも向くようにすること。」（第2章ねらい及び内容　健康　3内容の取扱い（3））とされているように，子どもが様々な動きを経験できるだけでなく，他領域に関する経験や学びにも不可欠になります。都心部では自然にも限りがあることも多いので，公園など近隣資源を大いに活用し，極力自然の中で遊べる機会を作ることが重要です。

　教材では，それがあることで動きの経験がしやすくなるようなものと，それがない限り動きの経験がしにくい（できない）ものがあり，これらを区別して使い分けることが大切です。前者の例としては，ケンケンパを誘発する地面や床の線（線が無くてもケンケンパはできますがあった方が子どもが経験しやすい），後者の例としては「投げる」「打つ」「蹴る」などを誘発するボールやラケットなどがあります。路傍の石ころを投げたり蹴ったりすることは可能ですが，それが適切かどうかは別問題であり，どのような教材が適切かを検討しなければなりません。幼児の投動作については長年能力の低下傾向が見られますが，ボール遊びの機会が減ったことが理由の一つとして考えられます。乳幼児期からボール遊びに親しんでおくことは，就学以降の体育や生涯のスポーツとの良好な関わりにも好影響を及ぼすことが考えられ，ボール遊びの機会はなるべく設けたいものです。

　乳幼児の運動能力は未熟であり，バランスが上手く取れないのに遊具の上に登りたがる，周囲の状況把握が上手くできないのにやたら走り回って衝突を繰り返すなどけがをしやすい子もいます。子どもの特性を踏まえた環境構成やサポートを行うこと，万が一けがをしてしまった場合やしそうになった場合（ヒヤリ・ハット）は，原因の洗い出しや対策の検討を保育者間で話し合うことが不可欠です。

3　設備や遊具を柔軟に使う

　自然も含め，園庭やそこでの設備・用具については急に充実させるこ

とは難しいものですが，仮に制限があったとしても保育者が遊具や教材の使い方，見せ方を工夫することで見違えるほど子どもの遊びを充実させることができます。逆に，保育者の固定概念や過度な安全志向によって使い方や遊び方に制限を加えすぎると，子どもの遊びが発展せず多様な動きの経験を阻害することにもなりかねません。例えば，階段があれば子どもは昇ったり下りたり，ジャンプしたり，じゃんけんグリコで遊んだりできますが，もし階段で遊ぶことを禁じればこれらの遊びもそこではできなくなります。すべり台は上から滑るだけでなく下からよじ登って遊ぶこともできますが，下から登ることを禁じればよじ登る動きの経験はできなくなります。階段で遊んでよいか，すべり台を下から登ってよいかは子どもの運動能力や周囲の状況に応じて判断する必要がありますが，なんとなく危なさそうだから，上から滑るのがルールだからといった固定概念にとらわれすぎず柔軟に判断することが大切です。保育者の環境構成が動きの経験を豊かにすることもあれば，制約にもなることもあります。子どもの遊びの幅を狭めることがないように気を付ける必要があります。

　また，子どもなりの遊び方・使い方を許容することも大切といえます。例えば，フープはジャンプしたりくぐったり，転がしたり回したりといった使い方が考えられますが，色に応じて新幹線に見立てられたり，ハンドルに見立てられたり，お店屋さんごっこの素材になったりします。大縄跳びを経験させようと用意した縄が，走って引きずられたり，綱引きに使われたり，柵に結ばれたり，木に引っ掛けられたりします。このような「想定外」は保育では日常茶飯事ですが，この際に子どもの自由な使い方を認めてあげることも大切です。

４　十分な時間を確保する

　幼児期運動指針では，４　幼児期の運動の在り方　（２）運動の行い方　２）において「文部科学省調査では，外遊びの時間が多い幼児ほど体力が高い傾向にあるが，４割を超える幼児の外遊びをする時間が一日１時間（60分）未満であることから，多くの幼児が体を動かす実現可能な時間として『毎日，合計60分以上』を目安として示すこととした。」としています。この60分という目安時間には生活動作も含まれますが，「外遊びの時間が多い幼児ほど体力が高い傾向にある」とされている通り，体を思い切り動かして遊ぶ時間はできるだけ長く確保したいものです。遊び要素の高い活動を用意すれば，子どもは「もっとやりたい！」と何度もやろうとします。そこで時間を理由に切り上げるのはもったい

ないですし，子どもの気持ちの整理が付かなくなる場合もあります。都市部の保育園では園庭がない園が増えています。園庭がない場合，移動時間が必要になるなど正味の遊びの時間が短くなりがちです。生活の流れを工夫して戸外遊び時間を確保したり，室内でも運動遊びができるような環境とすることも必要になります。

　ただし，遊び時間が長くなるにつれ子どもの遊びの活発さは低下する傾向があるため，時間を確保すると同時に遊びの中で変化を付けていくことも大切です。新たな遊びに誘う，別の遊び道具を出す，場所を移動する等の工夫を行うことが有効です。

5．日常生活における身体活動

　たくさん体を動かすことは乳幼児の運動発達にとても大切ですが，それは園での遊びに限らず，一日の生活全体を通して豊かに経験していきたいものです。現代の生活の中で，どのような動きを経験しているのか（しにくくなっているのか），改めて確認しましょう。

1　生活と動き

　一日は「起床」から始まりますが起床とは床から「起きる」ことです。着替えをするには「しゃがむ」「立つ」といった動きが必要ですし，場所を変えるには「歩く」「のぼる」「おりる」といった動きも必要になります。このようにヒトの生活には常に何らかの動きが必要で，こういった生活動作は健康な大人であれば特に意識することもありませんが，乳幼児にとっては必ずしも簡単なことではありません。赤ちゃんは1歳頃に直立二足歩行を獲得しますが，最初のうちは数歩がやっとで，すぐによろけて手を付いたり転んだりしてしまいます。しかし毎日何度も繰り返し歩くことで，だんだんと上手になっていきます。

　幼児期運動指針は，3　幼児期運動指針策定の意図　の中で「幼児期における運動の実践は，心身の発育に極めて重要であるにも関わらず，全ての幼児が十分に体を動かす機会に恵まれているとはいえない現状がある。」と指摘していますが，生活の中で自動化や機械化が進んで便利になったことで子どもが体を動かす機会が減っています。交通手段は自動車利用が増えて歩く機会すら減っていますし，[3] 駅や商業ビルなどでは大抵階段よりもエスカレーター・エレベーターの方が便利で目立つ場所に設置されていますから，わざわざ階段を探して昇ることも少ないでしょう。家庭でも，かつては手伝いという形で経験できた掃除，洗濯，

（3）許欣・谷口綾子「日本の子どもの交通行動の変遷とその影響——幼少期の生活環境と成人後の大衆性に着目して」『第55回土木計画学研究発表会・講演集』2017年。

皿洗いといったこともどんどん自動化されています。自動化や機械化は仕事や家事に追われる大人や体が不自由になりつつある高齢者にとっては福音ですが，子どもにとっては運動発達の観点で必ずしも良いことではないということを幼児期運動指針は指摘しています。

2　生活の中で経験させる

幼児期運動指針は，４　幼児期の運動の在り方（２）運動の行い方の中で「幼児にとって体を動かすことは遊びが中心となるが，散歩や手伝いなど生活の中での様々な動きを含めてとらえておくことが大切である。」と指摘しています。運動の経験は，遊びに加えて，日常生活の中でもその機会を作っていくことが大切です。

園外への散歩は歩くという経験を増やします。同時に，自然や人，社会といった周囲の様々な環境に興味を向けます。そのような子どもの興味や関心に保育者が寄り添うことで，散歩自体に遊びの要素を込めていくことができ，結果的に子どもの歩きたいという意欲を高めることにもつながるでしょう。

また，活動の準備，片付けや掃除を保育者が行うのではなく，子どもにも手伝ってもらうことで，かがむ，立ち上がるといったバランスを取る動きや，持ち上げる，運ぶといった物を操作する動きを経験させることができます。また，片付けや掃除などの生活動作は，左右の手腕を別々に動かしたり，２人以上で運動を協調させるなど比較的難しい動きが必要となる場合も多く，これらを経験する良い機会になります。

【Work】

①ジャングルジムでの遊びで経験できる動きは何か，表8-1でチェックしてみましょう。

②投げる動きを経験できる遊びとしてボール以外に何があるか，また，そこで必要となる場や教材として何があるか，考えてみましょう。

6．小学校教育の学びとつながり

幼児期の運動遊びは，健やかな成長や発達を促すだけでなく，その後の運動習慣の基礎を培い，体力や運動能力の向上につながっていきます。そのため，保育者は，幼児期の運動遊びが小学校での学びや生活にどうつながっていくのかを理解しておくことが大切です。

1　運動遊びからみた幼小連携の重要性

　近年，子どもの体力不足や運動能力の低下が指摘されるなか，子どもの体力・運動能力の向上を図るためには，発達に応じて多様な運動経験を重ねることが大切になります。特に，幼児期に外で体を動かして遊ぶ習慣を身に付けることは，小学校入学後の運動習慣の基礎を培い，体力の向上につながる要因の一つになるといわれています。生涯にわたって健康を保持増進し，豊かなスポーツライフの実現を目指すためには，幼児期の頃に体を動かす遊びをたくさん経験しておくことが必要です。しかし，現代の子ども達は，社会環境や生活様式の変化により，体を動かす機会だけでなく，経験する動きの種類も少なくなってきている傾向にあります。そのため，幼児の走る，跳ぶ，投げる，押すといった基本的な動きの習得は低い段階にとどまっており，幼児の頃から運動遊びなどを通じて多様な動きを経験しておかないと，小学校以降の体育の授業だけでは基本的な動きの獲得は難しいといわれています。

　幼稚園教育要領等の領域「健康」では，「自分の体を十分に動かし，進んで運動しようとする」をねらいの一つに掲げ，その内容として「いろいろな遊びの中で十分に体を動かす」「進んで戸外で遊ぶ」「様々な活動に親しみ，楽しんで取り組む」ことが挙げられています。そのため，幼稚園や保育所等では，幼児が多様な動きをたくさん経験できるよう様々な種類の運動的な遊びを積極的に取り入れたり，思わず体を動かしたくなるような工夫や環境づくりに取り組んでいます。そして，幼児教育や保育を通じて育まれた多様な動きや洗練された身のこなしは，主に小学校低学年の体育で行なわれる各種の運動遊びへと引き継がれ，いかされていくことになります。また，自ら体を動かして遊ぶ楽しさは休み時間などに他の児童と一緒に楽しく過ごすことにもつながり，様々な活動を十分に楽しんだ経験は小学校生活の様々な場面において伸び伸びと行動する力を育んでいくことにもなります。

　平成29（2017）年3月告示の幼稚園教育要領等，小学校学習指導要領では，「幼児期の終わりまでに育ってほしい姿」を踏まえ，幼児期の学びを児童期の学びにつなぐ幼小連携の重要性が示されました。小学校教育では，幼児期の教育との円滑な接続が図られるよう「幼児期の終わりまでに育ってほしい姿を踏まえた指導を工夫すること」が求められており，小学校学習指導要領解説体育編の指導計画の作成と内容の取扱いでは以下のように示されています。

> 幼稚園等において幼稚園教育要領等に示す幼児期の終わりまでに育って

ほしい姿を考慮した指導が行われていることを踏まえ，例えば，「健康な心と体」，「道徳性・規範意識の芽生え」，「思考力の芽生え」，「豊かな感性と表現」など幼児期の終わりまでに育ってほしい姿との関連を考慮し，体を使った遊びの要素を取り入れて楽しく運動遊びに取り組み，健康な心と体の育成を図ることなどが考えられる。

　保育者は，体を動かす遊びや日常生活を通じて，幼児が多様な動きを身に付けられよう指導の工夫や環境づくりを行うことが求められますが，そうした幼児期の学びを小学校教育へとつなぐためには，小学校以降の子どもの学びを理解し，その先にある子どもの成長する姿を見通すことができるようにならなければなりません。

2　教科等とのつながり

　平成20（2008）年改訂の小学校学習指導要領の体育では，子どもの運動習慣の二極化や子どもの体力低下の深刻化を受け，「体つくり運動」が低学年から位置づけられるようになり，その内容として「多様な動きをつくる運動（遊び）」が示されました。さらに，平成29（2017）年の改訂では，低学年の「体つくり運動」の領域名称が「体つくりの運動遊び」に変更され，その内容もすべて「運動遊び」として示されるようになりました。これは，児童が易しい運動に出会い，伸び伸びと体を動かす楽しさや心地よさを味わう遊びであることを強調したもので，入学後の児童が就学前の運動遊びの経験を引き継ぎ，小学校での様々な運動遊びに親しむことをねらいとしたからです。

　小学校学習指導要領の体育では，第1学年及び第2学年で行う「体つくりの運動遊び」の指導について以下のように示しています。

　　A　体つくりの運動遊び
　体つくりの運動遊びについて，次の事項を身に付けることができるよう指導する。
（1）次の運動遊びの楽しさに触れ，その行い方を知るとともに，体を動かす心地よさを味わったり，基本的な動きを身に付けたりすること。
　ア　体ほぐしの運動遊びでは，手軽な運動遊びを行い，心と体の変化に気付いたり，みんなで関わり合ったりすること。
　イ　多様な動きをつくる運動遊びでは，体のバランスをとる動き，体を移動する動き，用具を操作する動き，力試しの動きをすること。
（2）体をほぐしたり多様な動きをつくったりする遊び方を工夫するとともに，考えたことを友達に伝えること。
（3）運動遊びに進んで取り組み，きまりを守り誰とでも仲よく運動をした

　　り，場の安全に気を付けたりすること。

　　将来の体力の向上につなげていくためには，低学年・中学年の時期に様々な体の基本的な動きを培うことが重要とされています。そのため，多様な動きをつくる運動（遊び）では，体のバランスをとったり移動をしたりする動きや，用具を操作したり力試しをしたりする動きを育む運動を通して体の基本的な動きを総合的に身に付けるとともに，それらを組み合わせた動きを身に付けることを目標としています。

　　幼児期運動指針では，幼児期に獲得しておきたい基本的な動きとして，体のバランスをとる動き，体を移動する動き，用具などを操作する動きが示されました。こうした動きを踏まえ，園では，かけっこ遊びやボール遊び，縄を使った遊び，じゃけん遊び，バランス遊びといった運動的な遊びがよく行われますが，それらは小学校にあがると体育として行われるようになります。

　　幼児期は遊びを中核とした総合的な学びの場であることから，幼児期の教育で行われる運動的な遊びは遊ぶことそのものが目的になります。一方，小学校で行われる運動遊びは，遊びの要素を取り入れた体育学習になるため，遊びは主体性などを生み出す重要な要素になりますが，その目的として身に付けるべき内容が定められています。保育者が幼児に運動的な遊びの指導を行う際は，幼児期の教育と小学校教育との共通点や相違点を理解したうえで，小学校の体育と円滑な接続が図られるよう教育の連続性・一貫性を意識しておくことが大切です。

　　幼児期の運動遊びにかかわる指導から小学校教育の学びとのつながりをみると，主に体育が中心となりますが，その他にも特別活動や道徳，生活ともつながりをみることができます。

　　特別活動では，学校行事の「健康安全・体育的行事」の指導の目標の一つとして「運動に親しむ態度の育成」を挙げ，運動に親しみ，体力の向上に積極的に取り組もうとする態度を養うことや，運動することのよさについて考え，集団で協力して取り組むことができるようにすることを目指しています。領域「健康」では，自分の体を十分に動かし，体を動かす気持ちよさを感じることを通じて，進んで体を動かそうとする意欲や進んで運動しようとする態度などを育てることを目標としていることから，幼児教育・保育の中で育まれた運動に親しむ態度は小学校の運動会や球技大会といった体育的行事の学びにも生かされていくことがわかります。

　　また，ドッチボールや鬼ごっこなど，友達と一緒に行う運動遊びでは，

遊びを通じて，仲間と協力する，仲間の考えや取組を理解する，勝敗を受け入れる，フェアなプレイを大切にする，最後まで諦めず粘り強く取り組む，自信をもって行動するといった姿が自然と養われていきます。こうした姿は，「身近な人々，社会及び自然に自ら働きかけ，意欲や自信をもって学んだり生活を豊かにしたりしようとする態度を養う」ことを目標とする生活や，「道徳的な判断力，心情，実践意欲と態度を育てる」ことを目標とする道徳の学習に生かされていくと考えます。

　運動遊びを通じて育まれる姿を「幼児期の終わりまでに育って欲しい姿」からみた場合，「健康な心と体」だけではなく，「自立心」や「協同性」「道徳性・規範意識の芽生え」なども関連しているといえます。保育者は，運動遊びを通じて成長していく子どもの姿を念頭に置きながら，それぞれの時期にふさわしい指導を積み重ねていき，小学校の教科等と円滑な接続が図られるようにしていくことが大切です。

＜参考文献＞

スポーツ庁『令和元年度体力・運動能力調査』2020年。

白旗和也『これだけは知っておきたい新「体育授業」の基本』東洋館出版社，2019年。

文部科学省『幼稚園教育要領（平成29年告示）』2017年。

文部科学省『小学校学習指導要領解説体育編（平成29年告示）』2017年。

文部科学省幼児期運動指針策定委員会『幼児期運動指針ガイドブック～毎日，楽しく体を動かすために～』2012年。

文部科学省『小学校学習指導要領（平成29年告示）』2017年。

（4）文部科学省『小学校学習指導要領（平成29年告示）』2017年，112頁。
（5）同前，165頁。

第9章

安全教育にかかわる指導

子どもが安心して園生活を送れる環境を作るためには，子どもを取り巻く環境の安全管理を行うだけでなく，幼児自身が安全な生活に必要な習慣や態度を身に付けられるよう安全教育を行っていかなければなりません。また，保育者は，けがや急病といった事態に備え，応急処置に関する知識を深め，その技能を身に付けておく必要があります。

本章では，幼稚園等における安全教育の目標や計画の作成について解説するとともに，防災・減災教育の実際，園で起こりやすいけがや急病の対応について紹介します。

1．安全教育計画の作成

安全な生活に必要な習慣や態度を育むためには，園生活を通じて，危険な遊び方や場所，遊具についてその場で具体的に知らせたり，気付かせたりしながら，状況に応じて安全な行動がとれるようにすることが大切です。さらに，交通安全の指導や避難訓練等については，長期的な見通しをもって計画的に指導するとともに，日常的な指導を積み重ねることで安全な交通の習慣や災害の際の行動の仕方について理解できるようにしていくことも重要になります。ここでは，幼児期における安全教育の目標や内容，安全教育計画の作成についてみていきます。

1　安全教育の目標と内容

幼児期における安全教育の目標は，①日常生活の場面で危険な場所や危険な遊び方などがわかり，安全な生活に必要な習慣や態度を身に付けること，②災害時などは大人の指示に従って行動でき，危険な状態を発見した時には近くの大人に伝えることができるようになることです。[1]

幼児期の教育は遊びを通して学ぶことを基本としていることから，安全に関する指導を行う際も，日頃の遊びや園生活を通じて危険な場所や事物，状況等がわかるようになり，その時にとるべき最善の行動について体験を通じて学び取っていけるようにすることが重要です。その際，危険な行動や使い方を禁止するだけでなく，なぜそうするのか，どうしたら安全なのかということをきちんと伝え，それが身に付くまで繰り返し指導することが大切になります。子どもが安全の必要性を理解して行動できるようになれば，見通しをもって行動したり，周りの子ども達と声をかけ合ったりして集団の安全を守ることにもつながっていきます。[2]

近年，子どもが巻き込まれる様々な事件・事故・災害が発生している

（1）文部科学省「学校安全資料『生きる力』をはぐくむ学校での安全教育」2019年，28頁。

（2）吉田伊津美・砂上史子・松嵜洋子編著『保育内容　健康』光生館，2018年，124頁。

状況にあることから，交通安全教室や防犯教室，避難訓練といった安全教育に関する取組についても一層の充実が求められています。交通安全の習慣を身に付けるためには，日頃の活動や生活を通して交通上のきまりに関心を持たせつつ，家庭と連携を図りながら具体的な経験を通じて適切な指導を繰り返し行うことが必要になります。また，災害時の行動の仕方や不審者との遭遇など様々な犯罪から身を守る方法を身に付けるためには，絵本や紙芝居といった教材を用いてわかりやすく説明したり，基本的な対処の仕方を模擬訓練として実際にやってみるなど，子どもの発達を踏まえた体験的な学びを取り入れて行うことが大切です。特に，火災や地震を想定した避難訓練では，災害時には教職員の適切な指示に従い，一人一人が落ち着いた行動がとれるように指導することが重要になります。なお，防犯教室や交通安全教室，避難訓練等の実施に当たっては，近隣の警察署や消防署等の専門機関の協力を得ることも大切です。

2　学校安全計画の作成

　幼稚園や認定こども園では，学校保健安全法第27条に基づき，学校安全計画の策定と実施が義務付けられています。学校安全計画とは，園で進める安全教育と安全管理の内容とを関連させて取りまとめ，年間を通じて行う安全に関する諸活動を総合的に定めた基本計画のことです（表9－1）[(3)]。

（3）前掲（1），126-127頁。

　学校安全計画に記載する内容や指導事項は地域の実態や園の実情等によって異なりますが，基本的には，年間を通じて行う安全教育の内容を生活安全，交通安全，災害安全の領域毎に整理し，それぞれの具体的な指導事項を月毎に記載するようなかたちになります。例えば，新年度が始まる4月は，安全な園生活を送るために必要なこととして安全な生活の仕方や登降園の仕方，避難の仕方について指導を行い，7・8月には水遊びやプールでの決まり，夏休み中の生活について指導を行うなど，年間の行事や季節に合わせて指導事項を計画していきます。

　このように，安全に関する指導事項を年間計画として取りまとめておくことで，安全管理の内容と関連させながら系統的かつ体系的に安全教育を実施することができるようになります。

表9-1　学校安全年間計画の例

月		4	5	6	7・8	9
安全教育	生活安全	○園内の安全な生活の仕方 ・遊びの場や遊具(固定遊具を含む)、用具の使い方・小動物のかかわり方 ・困ったときの対応の仕方 ※5歳児:新しく使える遊具や用具、場所の使い方 ○子供110番の家	○園内の安全な生活の仕方 ・生活や遊びの中で必要な道具や用具の使い方(いす、はさみ、ステープラー、スコップ、箸等) ・けがや不調なときの対応 ・小動物の世話の仕方 ・通園バスの乗り降りの仕方や待ち方の約束 ○集団で行動するときの約束 ・一人で行動しない	・雨の日の安全な生活の仕方 ・雨具の扱い方、始末の仕方 ・廊下、室内は走らない ○水遊びのきまりや約束 ・準備体操 ・プールでの約束 ○家に帰ってから ○知らない人についていかない ・「いかのおすし」の約束を知る	○水遊びのきまりや約束 ・準備体操 ・プールでの約束 ○暑い日の過ごし方 ・熱中症予防の水分補給 ・遊び場や遊び方、休息 ○夏季休業中の生活について(安全で楽しい過ごし方) ・花火の遊び方 ・外出時の約束 ・一人で遊ばない	○生活のリズムを整え、楽しく安全な生活 ・登降園時の約束、遊具・用具、固定遊具の安全な使い方 ○水遊びのきまりや約束 ・準備体操 ・プールでの約束 ○戸外で体を十分動かして遊ぶ ○集団で行動するときの約束 ・集合の合図・友達との歩行
	交通安全	○安全な登降園の仕方 ・初歩的な交通安全の約束(親子で手をつなぐ) ・自転車登降園での約束 ・園外保育での安全な歩き方 ・並ぶ、間隔を空けない等	○道路の安全な歩き方 ・標識、標示(とまれ・等)の意味 ・安全確認(両足をそろえる、左右を見る)の仕方 ・親子路上安全教室	○雨の日の安全な歩行の仕方 ・傘の持ち方 ・園外保育での安全な歩き方 ・乗り物に関する約束 ・車中での過ごし方	○交通安全に関する約束を再確認 ・飛び出し ・道路では遊ばない ・自転車に乗るときの約束(保護者の付き添い) ・自動車の前後の横断	○遠足・園外保育での交通安全 ・道の端を歩く ・ふざけながら歩かない
	災害安全	○避難(防災)訓練の意味や必要性 ・教職員など大人の指示に従う ○避難の仕方 ・避難訓練の合図(サイレン、放送・緊急地震速報等) ・「おかしも」の約束 ・防災頭巾等のかぶり方	〈火災:サイレン、放送で伝達〉 ※3・4歳児:集合場面 ・火災時は靴を履きかえない ※5歳児:自由に活動している場面 ・教職員の指示を聞いての避難	〈地震:サイレン、放送、緊急地震速報で伝達〉 ○地震のときの避難の仕方 ・頭を守る ・机の下に潜り、脚を持つ ・避難時は靴を履く(火災と同様に上履きでの避難) ・「おはしも」の徹底	〈火災:火災報知機・放送にて伝達〉 ○放送・教職員の指示を聞き、避難 ・非常用滑り台で避難 ・ハンカチを鼻、口に当てる、煙が発生した場合は低くして避難 ・持っているものは置いて避難	〈地震、警戒宣言発令〉 ○大地震が起きたときの避難の仕方(幼・小・中合同訓練) ・保育室にて保護者への引渡し訓練(保護者は徒歩) ・家庭で地震が起こった場合の対処の仕方
行事		入園式	園外保育・遠足	園外保育・遠足 プール開き	終業式 夏祭り 夏季休業日	始業式、プール納め 園外保育・遠足
安全管理		○安全点検表の作成 ○園内外の環境の点検、整備、清掃 ○保育室の遊具、用具の点検、整備、清掃	○園外保育・遠足等の目的地の実地踏査 ○消防署の指導により教員の通報訓練、初期消火訓練	○幼児の動線を考え、室内での安全な遊びの場づくりの工夫 ○プールの清掃、水遊びの遊具、用具の安全点検	○熱中症予防のための冷房や換気の活用 ○夏季休業中は園舎内外の施設、設備の見回り ○新学期が始まる前に、保育室内外の清掃、遊具、用具の安全点検	○使い慣れた遊具、場所の安全指導の徹底 ○危険な行動に対する、教職員同士の共通理解、指導の徹底
学校安全に関する組織活動(研修を含む)		○保護者会、園だよりで周知 ・園生活を安全に過ごすためのきまり、約束を連絡(登降園の仕方、園児引渡しの仕方、一斉メールによる連絡の仕方、出欠の連絡、けがや病気に関する連絡方法、災害時の対応) ・通園状況の把握 ○春の交通安全運動 ○遊具の安全点検の仕方に関する研修	○保護者会、園だよりで周知 ・定期健康診断の結果連絡、健康で安全な生活についての意識の高揚 ・一斉メールを使った練習 ・路上での実際指導 ・光化学スモッグ警報発令時の対応の仕方を連絡 ○心肺蘇生法(AEDを含む)の研修	○保護者会、園だよりで周知 ・水遊びのための健康管理 ・夏の生活で必要な安全(雨天時の歩行、登降園時に親子で注意、熱中症への配慮) ・登降園時の落雷や集中豪雨等の自然災害への対応 ○幼児の交通事故の現状(警察署から講義)	○保護者会、園だよりで周知 ・警察署より交通安全及び防犯(誘拐)について講話 ・夏季休業中の過ごし方(健康生活、落雷、台風などの気象災害への配慮事項の確認) ・地域が行っている防犯パトロールについての情報交換 ○不審者との具体的な対応の仕方やいろいろな道具の使い方(警察署から実際指導)	○保護者会、園だよりで周知 ・通園路を見直し、安全な通路、危険な場所の確認 ・生活リズムの調整、体調への十分な配慮を依頼 ・避難に関する情報発令時の避難行動、引取り訓練 ・台風時の暴風雨時の対応について ○秋の交通安全運動

10	11	12	1	2・3
○様々な遊具の安全な使い方, 遊び方 ・ボール (蹴る, 投げる等) の遊び方 ・縄跳びの縄の扱い ※5歳児: 後に使う人の安全を考えた片付け方 ○集団で行動するときの約束 ・教職員の指示を聞き, 自分から気を付ける	○様々な遊具や用具の安全な使い方, 片付け方 ・目打ち, 段ボールカッター等 ・不審者対応 ・不審者が園に侵入したときの避難の仕方 ○集団で行動するときの約束 ・教職員の指示を聞き, 自分から気を付ける	○体を動かして遊ぶ・室内にこもらず, 戸外で遊ぶ ・危険につながる服装 ○冬の健康な遊び方, 安全な行動の仕方 ○誘拐の防止 ○暖房機の危険性, 安全に関する約束 ○冬季休業中の生活について (安全で楽しい過ごし方)	○進んで体を動かし, 安全で活発な行動 ・室内にこもらず, 戸外で活動 ○園生活に必要な約束やきまりを自分から気付き, 守る ○暖房機の危険性, 安全に関する約束 ○雪の日の安全な遊び方, 身支度の仕方	○自分の身の回りの安全に自ら気付き, 判断し行動する ・担任以外の教職員の指示 ・異年齢の交流場面での安全に関する自主的な約束の確認 ○暖房機の危険性, 安全に関する約束 ○雪の日の安全な遊び方, 身支度の仕方
○信号の正しい見方 ・点滅しているときの判断の仕方, 適切な行動 ○警察の指導による交通安全 ・安全な登降園の仕方, 自転車の乗り降りの仕方, 道路の渡り方 ○バスの中の安全な過ごし方	○登降園時, 園外保育・遠足の交通ルールを自分から気を付け, 守る ・自分の耳と目で確かめる習慣 ・電車の乗り降り, 車中の安全な過ごし方	○様々な状況, 場面での交通ルール ・道路の横断 ・駐車中の自動車の前後の横断 ・信号が点滅しているときの行動の仕方など	○様々な状況, 場面で, 自分で判断する ・自分の耳と目で確かめる習慣 ・交通量の多い道路での歩行, 横断 ・寒い日の安全な歩き方 ・雪や凍結している道の安全な歩行 ・寒い日の安全な身支度	○交通安全のために, 自分で判断して行動する ※5歳児: 小学校付近の道路の危険な場所, 安全な歩行の仕方
〈火災:肉声で通報〉 ○「火事だ」の声による通知, 速やかな避難行動 ・周囲の状況, そばにいる教職員の指示 ・第二次避難場所まで避難	〈地震・津波:サイレン, 放送で伝達〉 ○大きな揺れが続いているとき ・頭を守る, 危険のない場所 ・指示があるまで動かない等 ※5歳児: 起震車により大地震の揺れを体験, 地震のときの基本動作 (親子で体験)	〈地震・津波火災発生:サイレン, 放送, 緊急地震速報で伝達〉 ○第三次避難場所へ避難 ・防災頭巾等をかぶっての安全な歩行	〈火災:園児に予告なし〉 ○周囲の状況, 放送やそばにいる教職員の指示 ○消防署から指導 ・火災の怖さ, 火事発見時の適切な行動	〈地震・火災:幼児・教職員ともに予告なし〉 ○大きな揺れが続いているときの自分の身の守り方
運動会園外保育 ・園外保育・遠足 (バス)	園外保育・遠足	終業式 冬季休業日	始業式 園外保育 (凧上げ)	終業式
○戸外での遊び, 遊びの場, 幼児の遊びの動線への配慮 ○園外保育・遠足を利用し, 信号機の見方, 道路の歩き方等の体験的な指導	○電車を使っての遠足では, 使用する駅のホームの状況も含めて遠足の実地踏査	○暖房設備の点検, 使用するための準備	○室内での遊び, 狭い遊び場での安全管理・教職員同士の連携・調整 ○暖房の温度, 室内の換気に留意 ○戸外での遊びの奨励 ○教職員の消火訓練 (消防署の指導) ○積雪時の園庭, 園舎の安全確認	○1年間の安全点検の評価・反省 ○次年度の防災組織等の再編成
○保護者会, 園だよりで周知 ・戸外での活動, 徒歩での通園などへの協力依頼 (ノー自転車デー) ・警察の指導により, 登降園の様子, 幼児が自分で判断し, 安全な歩行の仕方を身に付けるための指導協力 ・消火, 通報訓練 (消防署による指導)	○保護者会, 園だよりで周知 ・消防署の指導 (起震車での地震体験) ・不審者への対応に関する実技研修	○保護者会, 園だよりで周知 ・冬休み中の健康で安全な生活について ・年末年始の地域の防犯, 防災活動に関心をもち, 幼児に伝える	○保護者会, 園だよりで周知 ・登降園時の安全, 大地震発生時の避難場所, 連絡方法などを再確認 ・降雪時の登降園時の歩行, 身支度などへの配慮について連絡と協力依頼	○保護者会, 園だよりで周知 ・就学に向けての心構え (危険な道路, 場所, 安全な交通行動等に関する指導) 休み中の生活 ○園内事故等発生状況と安全措置に関する研修

出所:文部科学省『学校安全資料「生きる力」をはぐくむ 学校での安全教育』126-127頁。

2．防災・減災教育の実際

　保育現場における災害時などにおける子どもの行動の仕方については，保育者や保護者の指示に従い行動できるようにするとともに，危険な状態を発見した時は保育者や保護者など近くの大人に伝えることができるようにすることが目標です。

　第2節では，実際の保育現場でどのような防災・減災教育が実施されているのか紹介していきます。

1　災害などの種類

　災害の種類としては，火災，地震・津波，火山，大雨・土砂・台風，竜巻，雪害などであり，さらに保育現場では，不審者などの防犯を含む防災も考えなければなりません。これらの災害・防災はいつどこでどのように発生するのか予測が不可能です。さらに，各幼稚園・保育所・認定こども園などの立地条件や園の規模，地域の実情によっても災害が異なってくるため日頃から地域の自然環境や環境特性，ハザードマップなど多角的に情報を確認し，災害・防災に備えておく必要があります。保育現場では，このような点に考慮しながら，災害などが発生した際に，子ども達が保育者の指示を待つだけでなく，一人一人落ち着いた行動を取り，自ら判断し，自分なりに考えて適切な行動が取れるよう，日頃から訓練を実施することが重要です。

2　災害への備え

　災害への備えとしては，①施設・設備などの安全確保，②災害発生時の対応体制及び避難への備え，③地域の関連機関などとの連携が必要となってきます。保育現場においては，災害発生時に子ども達が適切な行動が取れるように，日頃から避難訓練を通して，基本的な対処方法を発達の実情に応じて伝えていくとともに，家庭，地域社会，関係機関と連携して，子どもの安全を確保していくことが重要です。

3　避難訓練の目的

　万が一，災害が発生した時に適切な対処ができるよう，災害を具体的に想定して行う実践的な指導の場が避難訓練です。園や地域それぞれの実情に即して予想される様々な事態を想定し，年間を通して行うことが必要です。

①子ども自身が，常に安全に避難できるよう，災害時に必要な実践的な資質や能力を養う。

②子どもは自分自身のことだけでなく，周囲の人の安全にも配慮できる態度や能力を培う。

③保育者は冷静に，組織的に対処できるようにする。

④園全体が共通理解のもとに訓練できているかを確認する。

避難訓練は，子どもだけの問題ではなく，園や保育者，保護者や地域においても重要です。

4　非常時の指導と保育者の対応

　安全の確保や危険回避については，その時々によって，保育者の関わりは様々です。子どもの安全を最優先で考え，何度も繰り返し行うことで学んでいくものです。子どもが危険や事故に遭遇してからでは遅いのです。

　日々の保育の中でも，園外活動の実施は，防犯や安全について学ぶよい機会でもあります。子どもと保育者それぞれが「今，何をしなければならないのか」「これから何をするのか」「どのような行動が求められているのか」といったことをふまえ，先を見通して考える重要な機会になります。

　保育者に言われてから（指示をされてから）行動するのではなく，普段から，子ども達自らが危険を回避する能力，判断力を身に付けることも大切です。

5　避難訓練の実施

　避難訓練は，子ども達の発達の実情を踏まえながら，日常的・重点的に生活や遊びの中に取り入れていくことが重要です。実際に子ども達が避難訓練を通じて，体験・体感することで，災害や避難の方法をより具体的にイメージすることができるからです。訓練を実施する際には，子どもたちが恐怖心を抱かないよう，教育的配慮を行う必要があります。保育者はそのことを踏まえ，子どもの発達の実情，様々な保育場面や時間帯を想定し，年間を通して計画的に避難訓練の計画を立案することが重要です。

　表9-2に幼保連携型認定こども園で実施されている年間の災害・防犯訓練実施計画表と実際の訓練の様子を紹介していきます（写真9-1,9-2）。具体的な訓練の内容としては，火災（園内から出火，近所からの出火），地震，防犯（不審者），台風などを想定した訓練です。

表9-2　令和3年度　災害・防犯　訓練実施計画表

実施月	実施時間	災害種類	要因	周知・通報方法	ねらい	配慮事項・避難誘導	その他
4月	保育中	火災	調理室	非常ベルを鳴らす 館内放送にて合図	・訓練の目的と方法を知らせる ・合図の非常ベルを知らせる	○園児が不安な状態であるため、災害発生時の事を保育者や職員間で話し合っておく	○事前に園児に避難訓練について知らせる ○保育者の話を落ち着いて聞き、声かけに従って行動する ○避難する際に恐怖心を抱かせないよう配慮する ○人数確認及び、点呼を確実にし、声かけを聞いて避難する ○取り残された子がいないか園舎内を確認する ○消火器を使用して園庭で消火するところを見せる ○消防署職員から火事について話を聞く ○保育者や職員へ周知する ＜他機関との連携＞ ○警察へ連絡する ○緊急の場合は、至急家庭に連絡ができるようにする
5月	保育中	火災	調理室	非常ベルを鳴らす 館内放送にて合図	・避難方法を理解する	○落ち着いて放送を聞く ○避難体制をとる ○避難口の安全確認をする	
		防犯 (不審者)	正面玄関	館内放送にて合図 (合言葉)	・園児を危険から守る ・不審者を発見した時は迅速に対応する	○防犯マニュアルを確認し、防犯に対する理解や関心を深める	
6月	保育中	火災	調理室	館内放送にて合図 非常ベルは鳴らさず (故障)	・速やかに指定の避難場所へ避難する	○避難場所を想定により変える ○窓を閉め、園児を確認し、怖がっている子や泣いている子に寄り添いながら避難する	
7月	保育中	地震・火災	地震による火災発生	非常ベルを鳴らす 館内放送にて合図	・地震からの火災に対する避難の方法を理解する	○園児を素早く誘導する ○状況によって、机の下等に避難する	○落下物に注意する ○その他、4月～6月に同じ
		防犯 (不審者)	東側園庭	館内放送にて合図 (合言葉)	・園児を危険から守る ・不審者を発見した時は迅速に対応する	○安全敏速に避難し、身の安全を保持する能力を育てる ○園児は保育者の指示に従い、安全に避難する	
8月	保育中	火災	4歳児室 (漏電火災)	非常ベルを鳴らす 館内放送にて合図	・避難の方法を正しく身につける ・保育者の指示に従い、迅速に避難する	○落ち着いて放送を聞く ○避難体制をとる ○避難口の安全確認をする	
		台風	大雨洪水 土砂災害	館内放送にて周知	・水害からくる土砂災害に対する避難の方法を理解し、行動する	○台風について知らせる ○台風に対する避難の方法を周知する	
9月	保育中	火災	0歳児室 洗濯機裏 (漏電火災)	非常ベルを鳴らす 館内放送にて合図	・避難の方法を正しく身につける ・保育者の指示に従い、迅速に避難する	○落ち着いて放送を聞く ○避難体制をとる ○避難口の安全確認をする	○予告なしで実施（9月以降）
		防犯 (不審者)	職員玄関	館内放送にて合図 (合言葉)	・園児を危険から守る ・不審者を発見した時は迅速に対応する	○素早く安全に避難し、身の安全を保持する ○園児は保育者の声かけにより、安全に避難する	
10月	保育中	地震・火災	地震による火災発生	非常ベルを鳴らす 館内放送にて合図	・地震の避難方法を理解する ・予告なしの訓練にも、落ち着いて非難する	○落ち着いて放送を聞く ○地震発生時の避難体制をとる ○避難口の安全確認をする	
11月	保育中	火災	近所から延焼	館内放送にて近所の出火を知らせる	・予告なしの訓練にも、落ち着いて避難する	○風向き・交通等の状態から避難場所を決め、速やかに誘導する	
		防犯 (不審者)	西側園庭	館内放送にて合図 (合言葉)	・園児を危険から守る ・不審者を発見した時は相手を刺激せずに対応する	○素早く安全に避難し、身の安全を保持する ○園児は保育者の声かけにより、安全に避難する	
12月	保育中	火災	2歳児室 (漏電火災)	非常ベルを鳴らす 館内放送にて出火場所を知らせる	・予告なしの訓練にも、落ち着いて避難する	○保育者の声かけにより避難する	
1月	保育中	火災	ランチルーム (漏電火災)	保育者が発見し、大声で知らせる	・予告なしの訓練に落ち着いて避難する		○出火時間は保育者や職員にも知らせないでおく（園長に依頼） ○保育者は、はっきりとわかりやすく声かけをする ○午睡中の災害発生・不審者発生も想定し避難対応をする
		防犯 (不審者)	2歳児保育室	館内放送にて合図 (合言葉)	・園児を危険から守る ・不審者を発見した時は相手を刺激せずに対応する	○落ち着いて放送を聞く ○避難体制をとる ○避難口の安全確認をする ○保育者の声かけにより避難する	
2月	保育中	火災	調理室	非常ベルを鳴らす	・訓練の目的と方法を再確認し、マンネリ化せずに、積極的に参加する		
3月	保育中	地震・火災	地震による火災発生	非常ベルを鳴らす 館内放送にて合図	・合図の非常ベルを理解し、保育者の声かけにより速やかに避難する ・園児を危険から守る ・不審者を発見した時は相手を刺激せずに対応する	○素早く安全に避難し、身の安全を保持する ○園児は保育者の声かけにより、安全に避難する	
		防犯 (不審者)	1歳児保育室	トランシーバーにて情報共有			

出所：幼保連携型認定こども園みどりのもり（群馬県）令和3年度災害・防犯訓練実施計画表をもとに筆者作成。

写真 9 - 1　避難訓練（火災）の様子　写真 9 - 2　避難訓練（地震）の様子

写真提供：幼保連携型認定こども園みどりのもり（群馬県）。

6　震災からの教訓

　2011年の東日本大震災の経験から，体力・運動能力の重要性を改めて実感しています。避難をするときになれば，長い距離を移動しなければならない状況にもなります。いざとなった時に，子どもが自分で自分自身の身を守る力を持つことは非常に大切なことです。

①長距離を歩くことの推奨

　緊急時，乗り物を使っての避難ができない場合は，「徒歩」での避難になります。その際に歩かなければならない道は，平坦な道ばかりとはかぎりません。起伏に富んでいたり，階段や砂利道，大きな石や木々が散乱していたり，ガラスの破片が飛び散っていたり，物が落下していたりなど，障害物をよけながら歩かなければなりません。日頃から，運動能力を高め，子どもも長距離を歩くことができる体力と気力を備えておくことが必要になります。また，普段から歩きやすい靴を備えておくことも重要です。

②運動遊びの励行

　生活の中で，体を十分に動かしてストレスを発散し，寝つきをよくすることも大切です。体を動かすことによる「心地よい疲れ」は睡眠を導入します。短時間睡眠の傾向にならないためにも，室内でのテレビやゲーム以外に，外で体を動かす楽しい遊びがたくさんあることを，子どもだけでなく保護者にも伝えていくことが大切です。

　以下に，震災からの教訓を生かし，保育の中で運動遊びを励行している国の事例を紹介します。

事例 1：徒歩通園の実施
　愛知県のS幼稚園は，保育者引率による集団通園を行っています。

　　集団通園とは，保護者の引率による親子通園に対して，保育者の引率により，子どもが集団で通園する形の徒歩通園です。

　　集団通園には，身体的な利点以外にも，先生や友達と一緒に行動するので，お互いに守らなければならないルールや約束事が生じ，仲間意識や社会性が育まれるという特徴があります。他にも，徒歩通園の魅力には，

・子どもが自分の住んでいる地域や交通ルールをよく知ることができる。

・歩くことで，田畑の農作物や動植物，季節や自然の変化を肌で感じることができる。さらには，それらを先生や友達と一緒に共感することができる。

・雨や風の日など，毎日，頑張って歩くことで，体力向上だけでなく，自信や忍耐力などの精神的な面も養うことができる。

などが挙げられます。

事例2：災害時避難場所の確認

　　東京都世田谷区にあるN女子体育大学は，その地域の災害避難場所に指定されています。大学の近くにある世田谷区立K幼稚園とは，普段から様々なところで連携を行っています。

　　その一つとして，幼稚園のある場所から大学までの約1.2kmを園児が徒歩で来学し，大学の施設の中で保育を学ぶ大学生と一緒に「運動遊び」を実践するという取り組みを行っています。この取り組みは，双方にとって大きな利点があります。

　　幼稚園にとっては，地域の防災拠点になっている場所まで，園児の足で歩いて何分かかるのか，途中の危険回避場所の確認，大学の施設の確認（建物・施設の把握，備蓄場所の確認，トイレの確認など）にもなります。園児にとっても，自分たちが来たことのある場所，慣れた環境（物・人）ということは，災害時においての安心材料の一つとしても大切です。

　　保育を学ぶ大学生にとっても，将来保育者になった際の避難訓練を経験する，園児と一緒に体を使って遊ぶといった経験は大切な学びの一つとなっています。

7　安全に関する教材の活用

　　園内における避難訓練だけでは，安全に関する全ての指導を網羅できないため，園生活の中で経験できない内容の想定や設定が難しい場合には，安全に関する教材を活用することも有効です。主な教材としては，子ども達が日常生活の中で慣れ親しんでいる「絵本」や「紙芝居」があります（図9-1）。実際にどのような行動が安全につながるのか標語を活用することで，具体的な危険場面を子ども達が想定できます（写真9-3）。

防災紙芝居『じしんだ！　かじだ！』
（全6巻）
高橋博監修，童心社，1992年。

『ミケちゃんのあいずおうだん』
ひがしのえみこ絵，京都府文化生活部安心・
安全まちづくり推進課，2022年。

『一生つかえる！おまもりルールえほん
ぼうはん』
清永奈穂監修／the rocket gold star絵，
Gakken，2022年。

『きゅうきゅうしゃの　ぴーとくん』
正高もとこ作／鎌田歩絵，岩崎書店，2018年。

図9-1　安全に関する教材（絵本や紙芝居）

写真9-3　安全に関する指導の実際（教材を用いて）
写真提供：幼保連携型認定こども園みどりのもり（群馬県）。

＜標語例＞
防災：「おか（は）しも（な）」
　　　①おさない　②かけない（はしらない）
　　　③しゃべらない　④もどらない　（⑤なかない）
防犯：「いかのおすし（も）」
　　　①いかない　②のらない
　　　③おおきなこえをだす　④すぐにげる
　　　⑤しらせる　（⑥もどらない）

8　災害における配慮事項

　災害において保育者が配慮しなければならない事項について，以下の8つを挙げることができます。

①園全体の緊急体制を作成し，保育者それぞれが自分の役割を十分に確認し，認識しておく。

②訓練の内容については,あらゆる災害を想定し，どれか一つの災害に偏らないこと。地域性や園の立地条件，園舎の構造などにも十分に考慮する。

③訓練の実施の時期や回数は，園児の実態，地域の事情を踏まえ，適切に設定する。

④災害発生の時期や場所，状況などに変化を持たせ，あらゆる場合に対処できるように，訓練が「いつもの練習」とならないようにしておく。

⑤避難の際，保育者は普段の保育の中でも常に人数確認を行うことを習慣にし，子ども達にもその重要性を伝えておく。

⑥保育の中でも，敏速かつ迅速に，また能率的・効率的に動くことができるよう集団で動くことも体験しておくとよい。

⑦子ども達に，避難訓練の活動内容を確認できるよう，訓練後の事後指導においても丁寧な指導を行うようにする。

⑧災害時の保護者との連携については，園だよりや保護者懇談会を利用し,その説明や実際に引き渡し訓練などを行うとよい。訓練の際に，保護者への連絡方法や避難場所などについては,繰り返し確認し周知徹底するようにする。

9　引渡し訓練

　災害発生後，子どもの安全確保を図るために，園に待機させるか，保護者に引渡すかなど，子ども及び保護者の安全を第一に考えた判断が必要となります。引渡しの判断基準としては，①通園路に被害が発生していないか，②園及び子どもの自宅地域の被害が拡大する恐れがないか，③引渡し後の時間帯に危険が迫ってこないか，④引渡す保護者に危険が及ばないかなどを考慮し，判断する必要があります。さらに，引渡しの際には混乱・錯綜されることが予想されるため，事前に引渡し手順を明確にしておき，引渡しカードに引渡し者を登録しておく必要があります。さらに，実際に引渡し者を含めた引渡し訓練の実施が必要です。また，家庭の事情などにより，引渡し者に変更が生じた場合は，随時，最新のものに更新しておくことが重要になります。

10 家庭や地域社会との連携

　災害発生時においては，園だけでは対応できないことも多く，地域からの援助が必要になることも想定されます。避難訓練の時だけ地域や家庭，警察，消防署などとの関係機関と連携をとるのではなく日頃から，連携して訓練を行うことも大切です。

　日頃からのこのような連携と協力が，非常時における子ども達の安全確保に繋がっているのです。また，責任者が不在の場合でも緊急時の対応ができるように教職員の役割分担を明確にし，いろいろな人がリーダーになって訓練を行っておくことも大切です。

11 子どもと保護者の心の問題への対応

　事故や災害に遭った子ども達に対しては，被害の程度に関係なく温かく見守り，きめ細やかな対応が必要です。

①常に安心感を与える，スキンシップをとる。

②保育者は笑顔で接することを心掛け，子どもにとって安全・安心であることを理解してもらう。

③子どもの小さなつぶやきや，体や行動で示すサインを見逃さないようにする。

④子どもと保育者が一緒に生活したり遊んだりする中で，心のケアを行っていく。

⑤事故や災害に遭った保護者に対しては，保護者の気持ちに共感しながら，温かく支えることが必要である。

⑥心の問題に関する専門家（看護師や保健師，小児科医，臨床心理士など）の協力も必要になることがあるので，日ごろから園との連絡体制を整えておくことが大切である。

12 定期的な設備点検

　避難訓練だけでなく，消火設備の確認，警報設備の確認は学期ごとに点検し，避難設備や，非常時の電源などにおいても点検するようにしましょう。さらに，救急用品の確認，避難経路に危険物はないか，遊具や備品の固定・転倒防止も日ごろから確認しておくことが必要です。

【Work】
①災害発生時，保育者として取るべき行動を災害毎にまとめてみましょう。
②保育現場で活用できる安全に関する教材を調べてみましょう。

3．救急対応

　安心・安全な保育環境づくりに努めていても，突発的な事故やけが，急病を防ぐことはできません。そのため，保育者はいざという時に素早く対処できるよう応急手当の知識と技術を身に付けておく必要があります。応急手当とは，急なけがや病気をした人を医療機関に引渡すまでの間，その状態の悪化を防ぎつつ，現状を維持するために行う処置のことです。

　ここでは，乳幼児に起こりやすいけがや急病の応急手当について解説します。ただし，応急手当の技術は読んだだけで身に付くものではありません。消防署や日本赤十字社など専門機関で行われている講習会を受講し，応急手当の方法を実際に練習しておくことが大切です。

１　けがや事故への対応

　ここでは，幼稚園や保育所等でよく起きるけがや事故を取り上げ，いざという時に素早く対処できるように応急手当の方法について解説していきます。

①擦り傷・切り傷など

　けがをした時はすみやかに清潔な流水で傷口を洗い流すようにします。土や砂等で汚れた傷口をそのままにしておくと，傷の治りに支障をきたすだけでなく，化膿したり，場合によっては破傷風になる恐れがあります。出血がひどい場合は，清潔なガーゼ等で傷口を押さえて止血（直接圧迫止血法）をします。

②鼻血

　鼻血が喉に流れないように顔をやや下に向けさせ，小鼻をつまみ，5〜10分ほど圧迫します。その際，氷や冷たいタオルで鼻を冷やすと血管が収縮し，止血しやすくなります。

③捻挫・打撲

　捻挫や打撲の場合，内出血や
腫れを抑え，痛みを和らげるた
めにRICE処置（図9‐2）をしま
す。患部を安静（Rest）にして冷

図9‐2　RICE処置

やし（Icing），包帯やテーピング等で圧迫（Compression）して，できる
だけ心臓よりも高い所に持ち上げる（Elevation）ようにします。なお，
患部を冷やしすぎると凍傷になる恐れがあるため，冷やしすぎないよう
に注意が必要です。

　頭を打った場合は，まず意識の状態を確認します。呼びかけに反応し，
問題なく応答できるようであれば，ぶつけたところを冷やし，その日は
安静にして様子をみるようにします。もし呼びかけに反応せず，ぐった
りしていたり，意識がもうろうとしていたり，体がけいれんしていたり
する場合はすぐに救急車を呼び，病院に搬送することが必要です。

④骨折・脱臼

　骨折や脱臼が疑われる場合は添え木や三角
巾等を使って患部を固定し（図9‐3），すみや
かに病院へ運ぶようにします。固定すること
で，移動する際の痛みを和らげたり，さらな
る損傷を防ぐことができます。

図9‐3　骨折の処置

⑤やけど

　やけどをした場合は，流水で痛みが和らぐまで10分以上冷やすように
します。衣服を着ているところをやけどした場合は無理に脱がさないよ
うにし，服の上から冷やすようにします。水疱（水ぶくれ）ができてい
る場合はつぶさないように気を付けます。広範囲のやけどや深いやけど
の場合はすみやかに病院を受診するようにします。

⑥虫ざされ

　ハチや毛虫等に刺された場合，刺された箇所を流水でよく洗い流しま
す。刺された針が残っている場合は毛抜きで抜き取るか，粘着テープで
取り除くようにします。ハチに刺されてから1時間以内に呼吸困難や冷
や汗といった症状がみられたり，けいれん・意識障害といった重篤な
ショック症状やその兆候がみられる場合はすぐに救急車を呼び，病院に
搬送します。また，短期間で複数箇所を刺された場合や腫れや熱感，痛

みが続く場合も病院を受診するようにします。

⑦誤飲・窒息

　異物や毒物を誤って飲み込んでしまった場合，飲み込んだものによって対応が異なるため，飲み込んだと思われるものを持ってすみやかに病院を受診するようにします。また，ボタンや硬貨等の異物に限らず，飴玉やこんにゃくゼリー，ピーナッツといった食べ物が気道に詰まり，窒息してしまうこともあります。この場合，すぐに救急車を呼び，背部叩打法（顔が下向きになるように子どもを抱き，背中の真ん中より上の辺りを強く叩いて吐き出させる）か，腹部突き上げ法（子どもの背後から両腕を腹部に回し，みぞおちの下で片方の手を握りこぶしにし，すばやく手前上方に向かって圧迫するように突き上げる）を行い，異物の除去を試みるようにします（図9-4）。

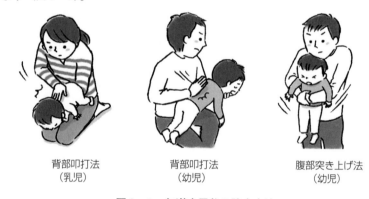

背部叩打法（乳児）　　背部叩打法（幼児）　　腹部突き上げ法（幼児）

図9-4　気道内異物の除去方法

⑧溺水

　意識がなく，呼吸停止・心停止している場合，すみやかに心肺蘇生法を行います。この時，胃に入った水を吐かせる必要はなく，まずは呼吸と心拍の状態を回復させることが大切になります。

2　急病への対応

　ここでは，乳幼児に起こりやすい病気を取り上げ，急病が発生した時でも落ち着いて対処できるよう，病気の症状や応急手当の方法について解説していきます。

①乳幼児突然死症候群

　乳幼児突然死症候群（SIDS）は，それまで元気だった赤ちゃんが，事故や窒息ではなく，眠っている間に突然死亡してしまう病気です。生後

２か月から６か月頃に多いといわれています。SIDSの原因はわかっていませんが，予防としては，①１歳になるまでは仰向けに寝かせる，②タオルケットを頭からかぶせたり，厚着にさせないようにする，③子どもから目を離さない，④睡眠中の子どもをきめ細かく観察・記録することが挙げられます。

②熱性痙攣

　熱性痙攣は，６か月～５歳頃の子どもが急な発熱に伴って意識障害や痙攣を引き起こす病気です。痙攣時は嘔吐することがあるため，吐しゃ物で気道をふさがないよう体を横向きにして寝かせ，衣服をゆるめて呼吸が楽にできるようにします。痙攣が５分以上も続く場合は救急車を呼び，病院を受診するようにします。また，痙攣が治まっても意識や顔色が戻らない，痙攣を繰り返してしまう場合もすぐに病院を受診する必要があります。

③熱中症

　熱中症は，高温多湿な環境の中に長時間いることで，めまいやたちくらみ，筋肉の硬直や痛み（こむら返り），吐き気，体のだるさといった症状が起こることです。子どもでは，顔が赤かったり，ひどく汗をかいたりしている場合は熱中症を起こしている可能性があります。

図9-5　熱中症の対応

　熱中症の症状がみられる場合，涼しい場所に寝かせて安静にします。体が熱い場合は，水をかけたり，おでこや首筋，脇の下，足の付け根にアイスパックや濡れタオルを当て，風を送りながら体温を下げるようにします（図9-5）。意識があれば，スポーツドリンクや経口補水液等を飲ませて様子を観察し，意識障害がみられる場合は救急車を呼び，すみやかに病院へ搬送するようにします。

②アナフィラキシーショック

　アナフィラキシーショックとは重篤なアレルギー反応のことで，特定の食物を食べたり，薬を飲んだり，ハチに刺された時に起こることがあります。また，主に学童期以降になりますが，特定の食べ物を食べた後に運動することで発症する食物依存性運動誘発アナフィラキシーもあり

ます。軽度の場合，かゆみやくしゃみ，蕁麻疹といった症状で治まりますが，重度になると血圧低下や意識障害，呼吸困難となり，命にかかわることもあります。こうした症状がみられた場合はすぐに救急車を呼ぶようにします。また，アレルギーのある子どもは，病院からエピペン®（自己注射薬）を処方されている場合があります。エピペ

図9-6　エピペン®の使用

ン®は本人が使用することを原則としていますが，本人が使用できない場合，保育者が代わりに使用することが認められています（図9-6）。そのため，エピペン®の保管や扱いについては，事前に保護者と情報を共有し，緊急時に素早く対応できるよう講習を受けておくことが望ましいです。

3　心肺蘇生とAED

　呼吸がみられない場合，心肺蘇生（胸骨圧迫，人工呼吸）やAEDによる一次救命処置を行わなければなりません。脳細胞は酸素供給が4〜6分止まっただけで死滅し始めるため，呼吸停止から約4分で蘇生のチャンスが約50％になるといわれています。救急車の平均到着時間は9.4分（令和2年）[4]といわれていることから，保育者は救急隊に引き渡すまでの間に空白の時間をつくらないよう適切な処置を行わなければなりません。心肺蘇生は，胸骨圧迫を30回，人工呼吸を2回の組み合わせで行います。ただし，人工呼吸をする技術や意思がない場合は，人工呼吸を行わず胸骨圧迫を続けるようにします。心肺蘇生とAEDによる一次救命処置の手順は以下の通りです。

①反応（意識）の確認

　肩を軽く叩きながら大きな声で呼び掛け，反応（意識）の有無を確かめます（乳児は足底を刺激）。反応がなかったり鈍い場合はすぐに救急車を呼び，周囲の人にAEDの手配を依頼します。

②呼吸の確認

　子どもの胸部と腹部の動きを観察して呼吸の有無を確かめます（10秒以内）。普段通りの呼吸がない場合（死戦期呼吸を含む）は心停止と判断して胸骨圧迫を始めます。呼吸がある場合は回復体位にし，様子を見な

（4）総務省「令和4年版救急・救助の現況」https://www.fdma.go.jp/publication / rescue / post-4. html（2023年8月1日閲覧）

がら救急隊の到着を待ちます。

③胸骨圧迫（心臓マッサージ）

　子どもを硬い床
面に上向きで寝か
せて胸の横で両膝
立ちし，胸の真ん
中（胸骨の下半分）
あたりに手（両手又
は片手）を置き，胸
の厚さの3分の1

図9-7　胸骨圧迫

ほど沈む強さで，1分間に100回より少し多めのテンポで胸骨を圧迫し
ます。乳児（12か月未満）の場合，左右の乳頭を結んだ線の少し足側を
指2本（中指と薬指）で圧迫します（図9-7）。

④人工呼吸

　片方の手を子どもの額に当て，
もう一方の手で下あごを持ち上
げるように引き上げながら頭部
を後方に傾け，気道を確保しま
す。次に，額に置いた手の親指
と人差し指で鼻をつまみ，口を
大きく開けて傷病者の口を覆い，
息を吹き込みます。約1秒かけ

図9-8　人工呼吸

て胸が上がるのがわかる程度に吹き込んだら口を離します（図9-8）。
これを2回続けて行い，呼吸の回復がみられない場合は再び胸骨圧迫を
行うようにします。

⑤AED

　AED（自動体外式除細動器）は自動的に心電図を解析し，必要な場合
には電気ショックにより除細動を行う機器です。初めて使用する人でも，
音声メッセージに従うことで簡単に使えるようになっています。必要な
時にAEDをすぐ使えるように，設置場所や使用方法をあらかじめ確認
しておくことが大切です。なお，AEDの操作中も，除細動の指示が出
るまでは心肺蘇生を続けて行わなければなりません。

【Work】
① ①擦り傷・切り傷，②捻挫・打撲，③骨折・脱臼，④やけどの応急手当を実際にやってみましょう。
② アナフィラキシーを引き起こす主な原因とエピペン®の使用方法について調べてみましょう。

4. 小学校教育の学びとつながり

　安全教育は，幼稚園等の段階から高等学校段階までの学校教育全体を通じて段階的に行われるものです。そのため，保育者は，幼稚園等で行う安全教育を小学校で行われる安全教育へと円滑につなげられるよう，小学校の安全教育の指導内容や教科等との関連について理解しておくことが大切です。ここでは，幼稚園教育要領や小学校学習指導要領をもとに，小学校教育で行われる安全教育とそのつながりについてみていきます。

1 幼稚園・小学校における安全教育の目標

　学校で行われる安全教育は，日常生活全般における安全確保のために必要な事項を実践的に理解し，自他の生命尊重を基盤として，生涯を通じて安全な生活を送る基礎を培うとともに，進んで安全で安心な社会づくりに参加し貢献できるよう，安全に関する資質・能力を育成することを目標としており，幼稚園や小学校の段階別で見ると表9-3のとおりです。[5]

　各学校で行われる安全教育では，危険な状況を適切に判断し，回避するために最善を尽くそうとする「主体的に行動する態度」を育成するとともに，危険に際して自らの命を守り抜くための「自助」，自らが進んで安全で安心な社会づくりに参加し，貢献できる力を身に付ける「共助，公助」の視点から推進することが重要になります。そのため，幼稚園の段階では，安全な生活に必要な習慣や態度を身に付けることや大人の指示に従って行動できることを安全教育の目標にしていますが，小学校に進むと，自分で安全の状況を判断し，進んで安全な行動がとれるようになることに加え，周りの人の安全を守れるようになることが目標になります。

（5）前掲（1）。

表9-3　幼稚園・小学校における安全教育の目標

幼稚園	小学校
日常生活の場面で，危険な場所，危険な遊び方などが分かり，<u>安全な生活に必要な習慣や態度を身に付けることができる</u>ようにする。また，災害時などの行動の仕方については，教職員や保護者の指示に従い行動できるようにするとともに，<u>危険な状態を発見したときには教職員や保護者など近くの大人に伝えることができる</u>ようにする。	安全に行動することの大切さや，「生活安全」「交通安全」「災害安全」に関する様々な危険の要因や事故等の防止について理解し，日常生活における<u>安全の状況を判断し進んで安全な行動ができる</u>ようにするとともに，<u>周りの人の安全にも配慮できる</u>ようにする。また，<u>簡単な応急手当ができる</u>ようにする。

注：下線は筆者。
出所：文部科学省『学校安全資料「生きる力」をはぐくむ学校での安全教育』28頁。

2　教育課程における安全教育

　ここでは，幼稚園教育要領や小学校学習指導要領をもとに，幼稚園や小学校で行われる安全教育のねらいや指導等についてそれぞれ解説するとともに，安全教育における幼保小接続の在り方について考えてみたいと思います。

①幼稚園における安全教育

　幼稚園教育要領の領域「健康」では，「健康な心と体を育て，自ら健康で安全な生活をつくり出す力を養う。」とし，「健康，安全な生活に必要な習慣や態度を身に付け，見通しをもって行動する。」ことをねらいの一つとして示しています。また，その内容として「危険な場所，危険な遊び方，災害時などの行動の仕方が分かり，安全に気を付けて行動する。」ことを挙げ，内容の取扱いでは「安全に関する指導に当たっては，情緒の安定を図り，遊びを通して安全についての構えを身に付け，危険な場所や事物などが分かり，安全についての理解を深めるようにすること。また，交通安全の習慣を身に付けるようにするとともに，避難訓練などを通して，災害などの緊急時に適切な行動がとれるようにすること。」としています。さらに，総則では，「幼稚園生活が幼児にとって安全なものとなるよう，教職員による協力体制の下，幼児の主体的な活動を大切にしつつ，園庭や園舎などの環境の配慮や指導の工夫を行うこと。」としています。

　このように，幼稚園における安全教育では，園生活全体を通して安全な生活習慣や態度の育成に重点が置かれ，保育者等の支援を受けながら，

自らが安全な生活を送ることができるようにすることを目指しています。

②小学校における安全教育

　　小学校の安全教育では，自助，共助，公助の視点を適切に取り入れながら各教科等の安全に関する内容のつながりを整理し，教科等横断的な視点から系統的・体系的な安全教育を実施することが求められます。

　　小学校学習指導要領総則では，安全に関する指導について「体育科，家庭科及び特別活動の時間はもとより，各教科，道徳科，外国語活動及び総合的な学習の時間などにおいてもそれぞれの特質に応じて適切に行うよう努めること。」としています。そこで，小学校学習指導要領をもとに，安全に関する指導について示されているところを見ると，生活科[6]や体育科[7]，特別活動[8]では次のように記されています。

小学校学習指導要領（平成29年告示）解説　生活編

> 　集団や社会の一員として安全で適切な行動をしたりすることは，児童が学校，家庭，地域社会における一人の構成員として，様々な場でどのような行動をすることが望ましいかについて考え，自ら進んで次のような行動ができるようになることである。（中略）
> 　特に，安全については，自分の身を守ることを最優先に考え，自然災害，交通災害，人的災害などに対する適切な行動や危険を回避する行動などができるようにすることにも配慮する必要がある。

小学校学習指導要領（平成29年告示）解説　体育編

> ①交通事故や身の回りの生活の危険が原因となって起こるけがを防止するためには，周囲の状況をよく見極め，危険に早く気付いて，的確な判断の下に安全に行動することが必要であることを理解できるようにする。その際，交通事故の防止については，道路を横断する際の一時停止や右左の安全確認などを，学校生活の事故によるけがの防止については，廊下や階段の歩行の仕方，運動場などでの運動や遊び方などを，犯罪被害の防止については，犯罪が起こりやすい場所を避けること，犯罪に巻き込まれそうになったらすぐに助けを求めることなどを取り上げるようにする。なお，心の状態や体の調子が的確な判断や行動に影響を及ぼすことについても触れるようにする。

小学校学習指導要領（平成29年告示）解説　特別活動編

> 　安全に関する指導としては，防犯を含めた身の回りの安全，交通安全，防災など，自分や他の生命を尊重し，危険を予測し，事前に備えるなど日

（6）文部科学省『小学校学習指導要領（平成29年告示）解説　生活編』2017年，20頁。
（7）文部科学省『小学校学習指導要領（平成29年告示）解説　体育編』2017年，154頁。
（8）文部科学省『小学校学習指導要領（平成29年告示）解説　特別活動編』2017年，57頁。

常生活を安全に保つために必要な事柄を理解する内容が挙げられる。他にも，進んできまりを守り，危険を回避し，安全に行動できる能力や態度を育成するなどの内容が考えられる。近年でも，東日本大震災や熊本地震，台風や集中豪雨などをはじめとする様々な自然災害の発生や，情報化やグローバル化等の社会の変化に伴い，児童を取り巻く安全に関する環境も変化している。したがって，安全に関する指導においても，取り上げた内容について，必要な情報を自ら収集し，よりよく判断し行動する力を育むことが重要である。

　上記の教科等以外にも，社会科や理科，道徳科等で防災を含む安全に関する指導や学習について記されています。そのため，安全教育を行う際は，各教科等における位置付けや具体的な学習内容等を把握し，それらを有機的に関連付けて指導を行うことが大切になります。

3 　安全教育における幼保小接続

　幼稚園や保育所等では，近隣の小学校と合同で避難訓練や交通安全教室を行っているところがあります。地域の幼児教育と小学校教育の関係者が連携してカリキュラム・教育方法の充実・改善に取り組むことが求められるなか，安全教育を通じた幼保小接続の取組は幼児期の教育と小学校教育をつなぐ架け橋の一つになるといえます。また，小学校への進学に不安を感じる幼児にとっては，避難訓練や交通安全教室を通じて小学生のお兄さんお姉さんとふれ合い，ともに学ぶ機会を持つことで，進学への不安が軽減され，小 1 プロブレム(9)解消の一助になると考えます。

（9）小 1 プロブレム
　入学したばかりの 1 年生で，集団行動がとれない，授業中座っていられない，話を聞かないなどの状態が数か月継続することです。

【Work】
①小学校の社会科や理科，道徳科では，どういった安全教育が行われているのか調べてみましょう。
②あなたが保育者だったら，安全教育をテーマにどのような幼保小接続の取組を行いますか。

＜参考文献＞
文部科学省「学校安全資料『生きる力』をはぐくむ学校での安全教育」2019年。
文部科学省「学校防災マニュアル（地震・津波災害）作成の手引き」2012年。
神長美津子・田代幸代「保育・教職実践演習学びの軌跡の集大成を目指して」光生館，2021年。
福岡市『令和 3 年度小規模保育事業等運営管理の手引（安全管理）』2021年。
平成27年度教育・保育施設等の事故防止のためのガイドライン等に関する調査

研究事業検討委員会『教育・保育施設等における事故防止及び事故発生時の対応のためのガイドライン』2016年。

厚生労働省『保育所におけるアレルギー対応ガイドライン（2019年改訂版）』2019年。

日本救急医療財団心肺蘇生法委員会監修『改訂6版 救急蘇生法の指針2020——市民用』改訂6版，へるす出版，2021年。

文部科学省『平成29年改訂　幼稚園教育要領解説』2018年。

文部科学省『小学校学習指導要領（平成29年告示）解説　総則編』2017年。

第**10**章

領域「健康」の指導における
保育者の役割

保育者には，心身ともに子どもの安全を保障し，子ども一人一人が安心して自己を発揮しながら充実した生活を送ることができるようにするために，様々な役割があります。本章では，領域「健康」の指導における，その役割について考えていきます。

1．保育者の役割とは

　乳幼児期には，子どもが安心感を持って行動し，自分のやりたいことに主体的に取り組む経験を積み重ねることが必要であり，それらを支える保育者の役割が非常に重要です。本節では，保育における基本的な保育者の役割について見ていきましょう。

1　愛情を持って関わり，心の安定を図り，信頼関係を築く

　子どもにとって幼稚園，保育所，幼保連携型認定こども園等は初めての集団生活の場となります。そしてそこで出会う保育者は，保護者以外の大人であり，いろいろな不安や緊張を受け止め，子どもが精神的に安定するための心のよりどころとなっていくことが求められます。また，子どもだけではなく，保護者も様々な育児不安を抱えています。保育者は保護者ともコミュニケーションを図りながら，愛情を持って子ども一人一人の行動や心の動きを温かく受け止め，理解しようとすることを積み重ねていくことで，子どもとその保護者との信頼関係を築いていくことが大切です。

2　子どもの育ちを多面的に理解し，共に行い，支える

　保育は子どもを理解することから始まります。子どもの育ちを理解するうえで留意することは，子どもの発達には個人差があるということです。子どもの家庭での生活経験や家庭環境等を把握し，子どもを主体に生活の連続性を考えながら，園での生活や遊びの姿を多面的に捉えていくことが大切です。依存から自立へと向かう過程の中で，時には一緒に行い，時には見守りながら自分の力でやろうとする姿を支え，子どもの心に共鳴する関わりが必要になります。保育者は子どもの理解者や共同

作業者，共鳴する者としての役割を担っています。

3　適切な環境を整え，遊びの中で多様な動きの体験を援助する

　保育は環境を通して行います。子どもは環境に関わり，活動に取り組む中で，様々な場面に対応できるしなやかな心の働きや体の動きを体得していきます。そのためには，子どもが自らやってみたくなるような発達に即した環境を構成し，活動の中で保育者もともに楽しさを感じて援助したり，友達と関わりながら心が動くような働き掛けをしたりしていくことが大切です。その意味で保育者の存在は環境そのものであるともいえます。物的な環境を構成するだけではなく，保育者自身が積極的に動きのモデルとなったり，子ども同士の関わりが広がり，深まっていくような雰囲気や状況を意図してつくったりしていくことが求められます。保育者は子どもにとって憧れを形成するモデルとして，また，遊びの援助者としての役割も担いながら子どもの成長を支えていきます。

　ここからは，「健康」の具体的な場面でいろいろな役割を果たしていく保育者の関わりについて考えていきましょう。

2．生活場面での保育者の役割

　子どもが健康で安全な生活を送ることができるためには「基本的生活習慣の形成」が大切です。自分のことが自分でできるようになり，規則正しい生活リズムを身に付けることは，身体的，精神的な自立の基礎を培い，その後の生活に大きな影響を及ぼしていきます。

　園生活の様々な場面で，保育者は子どもの発達状況を捉え，安心して生活行動ができる環境を整えたり，保育者自身が生活行動のモデルとなって示したりしていきます。また，一緒に生活する同年齢や異年齢の子どもの存在もいい刺激となり，友達と一緒に取り組む楽しさを感じて個々の自立への意欲にもつながります。これらのことを踏まえて保育者の具体的な関わりについて見ていきましょう。

1　家庭と連携を取り，基本的生活習慣の形成と自立を促す

　食事・排泄・睡眠・衣服の着脱・清潔などの基本的生活習慣は，諸機能の発達に伴い年齢が進み経験を積み重ねていくことで少しずつ自分の力できることが増えていきます。一人一人の子どもについては家庭での生活経験が異なることを考慮し，家庭と連携を取りながら，子どもの思

いに寄り添い丁寧に関わっていくことが大切です。

> **Episode10-1　時には甘えたい気持ちをくみ取って──3歳児**
> 　弟ができて「ぼくお兄ちゃんになったから」と張り切っていたA児。半年が過ぎたころのある日，砂遊びで汚れた服を着替え始めたのですが，途中で手が止まりじっとしています。保育者が「あれ？　Aちゃん，どうしたの？」と尋ねると，初めは黙っていたA児でしたが，履こうとしたズボンを見つめて「できるけど…」とつぶやくA児。保育者は，"自分で履けるけどやってほしい"A児の思いをくみ取り，A児を膝の上に乗せズボンを履かせました。「はい，できた！」と言ってA児を抱きしめると，にっこりうれしそうなA児でした。

　A児のように，子どもは園生活だけでなく，それぞれの家庭環境においても心を揺らしながら生活しています。依存から自立へ向かう過程では，できるようになった生活行動も子どもの置かれている状況によって，後退したような姿を見せることもあります。自分でやろうとする姿を励まし，できたことを大いに認める関わりももちろん大切ですが，時には甘えたい気持ちを受け止め，自分でできることも手助けして支えるといった内面を理解した温かい関わりも必要です。こうした，園での子どもの様子や保育者の関わりを保護者にも伝え，家庭での様子も聞きながら，園と家庭が連携して子どもを自立へと導いていきます。

　子どもは自分の身の回りのことができるようになると，自分の行動に自信をもつようになります。保育者は，子どもが自分でやってみようとする主体的な行動を支え，やがては集団の中で友達と一緒に自分達で生活をつくっていこうとする姿勢を育んでいくよう援助していきます。

2　生活リズムを整え，見通しをもった行動ができるようにする

　子ども一人一人が健康な生活（十分な睡眠・バランスの良い食事・全身を使った活動と休息）のリズムを身に付けていくことができるように，保育者は家庭での生活状況を把握し，保護者との連携を図りながら，発達の個人差に応じてきめ細やかな対応をしていくことが必要です。

　また，子どもにとって，毎日の園生活が楽しく充実したものであるためには，自分のやりたいこと（遊びや活動）に向かって心と体を働かせ十分に楽しむことができるような時間や場を保障し，満足感が得られるようにすることが大切です。満足感は，その後の片付けにも必要感をもって取り組むことにつながります。楽しかった遊びが，昼食後の時間にまた続きができる，片付けを終えた後に，クラスの皆で行う楽しい活

動があるなど，次の活動への期待感から見通しをもつことができるようになります。そのために保育者自身が見通しを持って，保育の流れや予想される子どもの姿を捉え，遊びの場や遊具の種類や量などを考えて環境の構成をしておくことが必要になります。早く片付けば，その分自分達のやりたいことができることがわかり行動に移せるように，お知らせボードや手作りの時計に活動の始まりや片付けの時刻を示したり，一週間先や翌月に予定されている楽しみな行事があることをカレンダーにイラストで視覚的に示したりするなどの工夫も効果的です。いろいろな方法で繰り返し伝えていくことで，子ども達は自分で意識し「もうすぐ片付けの時間だね」「○○まであと何日だね」と友達と伝え合って見通しを持った行動をとることができるようになっていきます。

3　健康や安全に関心を向け，実感を持って行動できるようにする

　日常生活の中で起こるけがや病気，健康診断など様々な機会を捉えて，子どもなりに自分の体を大切にしなければならないことに気付くことができるよう働き掛け，病気にかからないために必要な活動（手洗い，うがい，歯磨きなど）を自分からしようとする態度を育てることが必要です。そのためには，子ども自身が実感をもてるような関わりが大切になってきます。

　例えば，砂遊びをして汚れた手は，洗い流すことで目に見えてきれいになるため，子ども達にもわかりやすく「きれいになったね」「さっぱりして気持ちいいね」と保育者も声に出すことで，より実感することができます。食事の前の手洗いやうがいはなぜ行うのか，その意味を理解することが難しい場合には，目に見えないウイルスや菌のイラストを表示して，食べ物と一緒に体の中に入らないようにするために，手洗いやうがいをすることを伝えます。うがいも，食前は喉のうがいを「ガラガラうがい」，食後の口の中のうがいを「ブクブクうがい」と称して，その違いを保育者がやって見せながら伝えていきます。また，ペープサートや紙芝居を作成して手洗いやうがいの効果を示すことも良いでしょう。年齢や発達に応じ，家庭での生活体験も含めて，繰り返し一人一人を丁寧に見ていくことが大切です。

　また，内科検診・歯科検診などや保健師による歯磨き指導や栄養士による食育指導などは，子どもにとっては自分の体のことを知り，大切にしようと意識する貴重な機会となります。生活の中で起こるけがの予防や安全指導については，園全体で危険箇所の確認や安全点検等，共通理

解をし，園周辺の地域についても情報を共有しておくことが必要です。このように，保育者は健康や安全に関する様々な知識や情報を得て，家庭への啓発を行いながら，子どもの健康や安全への関心を高めていく役割を意識していきましょう。

4　いろいろな場面で食に対する興味や関心を持たせていく

保育者は，子ども達がみんなで一緒に食事をする楽しさを感じられるような環境をつくっていくことが大切です。また，いろいろな食材，食感，味などに興味を持ち，好き嫌いなく何でも食べると病気に負けない丈夫な体がつくられていくことを折に触れてわかりやすく伝え，生活の様々な場面で食べ物への関心を高めていきましょう。

> **Episode10-2　カラスさん，トマト食べないでね──3歳児**
> 　保育室の前のプランターで育てていたミニトマトが3つ，カラスに突かれて弾けてしまいました。残念がる子ども達。一人の子が「先生，カラスさんに，"トマト食べないでね"ってお手紙かいて」と言いました。保育者が「そうだね。そうしたらカラスさんもわかるかもしれないね」と応え，文字と絵を交えて手紙をかき，割り箸に付けてプランターに差しました。その場にいた子ども達は「3匹のトマトさん食べられちゃったね」「もうなんでそんなことするんだ」「カラスさんもお腹がすいてたのかな？」と口々に自分の感じたことや思い付いたことを話していました。

この出来事から，保育者は子ども達のそれぞれの感じ方や捉え方があることに気付き，受け止めていきました。大切にしていたミニトマトをカラスに食べられ，残念がったり，怒ったりして気持ちを表す子ども。もう食べないでほしいという思いをどうしたらカラスに伝わるのか考え，保育者に手紙をかいてもらうことを思い付いた子ども。3つのトマトという言葉から大好きな絵本の「3匹のこぶた」を連想し，大事に思う気持ちから「3匹のトマトさん」と擬人化して言葉にしたと思われる子ども。お腹がすいていたから食べたかもしれないと，自分の気持ちを重ねて考え，言葉に表した子どもなど，毎日，生長を楽しみに身近に感じていたからこそ，これまでの体験も合わさり，いろいろな感情が表出されたのでしょう。

その後，プランターに差したカラスへの手紙を見た4歳児が，園庭のサクランボが鳥たちに食べられないよう，桜の木に黒いネットが張られていたことを伝えたり，おじいちゃんの畑で野菜を守るために網が掛けてあったことを思い出したりした子どももいました。

これらの姿には，幼児期の終わりまでに育ってほしい姿（思考力の芽

写真10-1　サクランボ取り

写真10-2　夏野菜の苗植え

写真10-3　カレー作り

写真提供：名古屋市立第一幼稚園（愛知県）。

生え，自然との関わり・生命尊重，豊かな感性と表現等）の芽生えを捉えることができます。このように保育者は，身近な野菜などの生長過程で子どもが興味や関心を持ったその時に触れ合うことができる時間やそれらを共有する場を大切にし，体験からの学びを次の体験へとつなげていきます。

> **Episode10-3　食との出会いを共通体験──4歳児**
> 　園の畑に種まきをして水やりをしながら栽培したスナップエンドウ。支柱を立てたり，ぐんぐん伸びていくので背比べしたりして楽しみながら育てていると，ついに自分たちの背丈より大きくなり，たくさん実りました。摘み取ってかごに入れ，塩茹でして食べることを楽しみにしている子ども達。一人の子が水洗いをしたスナップエンドウをその場で口に入れました。「おっいしーい！　あっまーい！」その声に生で食したことのなかった保育者も一口食べてみると，かじった時のシャキッとした食感，口の中で広がる甘味，採れたてのみずみずしさを実感。みんなでそのおいしさを味わいました。

　このほかにも，園では様々な野菜を栽培し，調理体験にもつなげています（写真10-1，10-2，10-3）。栽培したジャガイモや玉ねぎを収穫し，カレー作りをする5歳児には，3・4歳児の頃に5歳児に作ってもらったカレーを食べ，苦手だった玉ねぎを食べることができ好きになったという経験を持つ子もいます。また，自分たちで作ったカレーは「今まで食べたカレーの中で一番おいしい！」と言って何杯もおかわりしたり，3歳児が「お兄さん，お姉さんが作ってくれたカレーだから残さないで食べる」と親しみの気持ちを感じて食べたりするなど，園での調理や食する体験は格別な味となり，心に残っていきます。このような，様々な場面で食と出会う機会を工夫してつくっていくことも大切です。

3．運動遊び場面での保育者の役割

　子どもは本来，体を動かすことが好きです。それは心身の成長と共に諸機能が発達し，様々なことができるようになっていく中で，"楽しい""面白い"と感じ，"もっとやってみたい"と心が動いていくからです。しかしながら，保育者がただ見守るだけであったり，遊び方を一方的に知らせていったりするだけでは，子どもの意欲にはつながりません。子どもが自らやってみたくなるようにするために，保育者はどのように関わったり働きかけたりしていけばいいのか考えていきましょう。

1　保育者が率先して戸外へ誘い，楽しい雰囲気をつくる

　戸外には，子ども達の興味や関心を呼び起こす自然との触れ合いがあり，解放感を味わうことができます。また，異年齢の子ども達の遊ぶ姿を見ることで，思わずやってみたくなったり，自分達の遊びに取り入れたりします。このように，戸外にはたくさんの魅力があります。

　保育者自身が積極的に戸外に出て，子ども達を誘いましょう。保育者が生き生きと体を動かしている姿や楽しそうな表情や声が子ども達の心を動かしていきます。

　ある幼稚園での4歳児の姿です。『オオカミと7匹の子ヤギ』の絵本を読み聞かせた保育者が，園庭でオオカミのお面をつけて登場すると，「わあ，オオカミだー」と子ども達が逃げ出します。保育者に追いかけられるのが楽しくて，「オオカミさん，こっちだよー」と走って逃げ回る子ども達。その様子をテラスから楽しそうに見ていたおうちごっこをしていた子ども達。そこへ保育者が「ピンポーン，開けてください」と言うと，「オオカミさんは入れないよー」と応える子ども達。

　みんなで一緒に見た絵本の楽しさが保育者のそのものになりきった表現からそれぞれの楽しみ方へと広がっていきます。オオカミ役の保育者に追いかけられるスリルを味わう子ども，オオカミ役の保育者とのやり取りを同じ場にいる友達と楽しむ子ども達。また，遊びが続いていくうちに，その様子を見ていた子どもが面白さに引き込まれて遊びに加わったり，保育者と同じオオカミ役になり追いかける楽しさを味わったりして，逃げる，追いかける，周りの様子を見て動くなどを繰り返し経験していきました。

> **Episode10-4　一緒に楽しさを味わうためには──4歳児**
> 　数人の子ども達と始めた「高鬼」。逃げる側の子と追いかける鬼役の子に分かれ，しばらく遊んでいましたが，鬼役の子が保育者に「ぜんぜん降りてきてくれない」と伝えに来ました。ジャングルジムに登った子ども達が，そこからなかなか降りようとせず，追いかけることに楽しさを感じている子にはつまらないようです。保育者は，「困ったね，どうしよう？」とつぶやきながら，困っていることを逃げる側の子ども達に伝えるよう促しました。少しして，逃げる側の子どもの一人が「じゃあ，10数える間に逃げるっていうのはどう？」と言い，やってみることにしました。

　この後，10数える間では短くて降りて逃げられない，逃げようと思っても鬼が待ち構えていてすぐにつかまってしまうなど，いろいろ困ったことが出てきましたが，保育者はどうするといいのかを子ども達に投げかけ，遊びを続けて楽しめるように一緒に考えながら進めました。

　園庭の固定遊具や築山など，地面より高いところにいれば鬼はタッチすることができないというルールですが，高所は限られていて，移動もままなりません。そこで，戸外用のマットを子ども達と運び，固定遊具の間に配置しました。マットの上は島鬼のような安全地帯で周りの様子を見て，鬼が近くにいないことを確かめながら逃げることができます。

　このように鬼ごっこの遊びの中でも，鬼役になり友達や保育者を追いかけ捕まえることが楽しい子，逃げる側で追いかけられるスリルを味わいながら逃げ切ることにうれしさを感じている子など，どこに面白さや楽しさを感じているのかはその時の子どもによって異なります。

　また，保育者も子どもと一緒に逃げ回ったり，鬼になって追いかけたりする活動的な姿は子ども達の刺激となり，繰り返し続けて楽しんでいるうちに，役を代わって楽しむ姿も見られるようになります。このように魅力的な動きや楽しさを誘発する人的環境としての保育者の役割が大切です。

❷　発達に応じた多様な動きを引き出す環境を工夫する

　生涯にわたって必要な多くの運動の基となる多様な動きを獲得する大切な幼児期に，多様な動きを含む遊びを楽しむことは，基本的な動きを獲得したり，進んで体を動かそうとする意欲や態度を身に付けたりすることにつながります。また，遊びの中で子どもが思わず“面白そう”と心が動いてやってみる，楽しくて繰り返し遊びたくなるというように，遊びを充実させていくことが多様な動きを引き出すことにつながります。ここではある園の実践を通して見ていきましょう。

写真10-4　新聞紙をちぎって丸めたり，投げたり
　　　　　舞い上げたりして遊ぶ。うずくまり，降ってく
　　　　　る新聞紙に喜ぶ（3歳児）

写真提供：名古屋市立二城幼稚園（愛知県）。

写真10-5　マットとフープを組み合わせたトン
　　　　　ネルを這ってくぐる，保育者に揺らしてもらい
　　　　　左右に揺られて喜ぶ（3歳児）

写真提供：名古屋市立二城幼稚園（愛知県）。

　3歳児クラスの子ども達が室内でも体を動か
して遊べるように，また，雨の日でも継続して
ゆったりと遊ぶことができるように，保育室か
らも遊んでいる様子が見えるテラスでいろいろ
な動きが楽しめるような場を設定しました（写
真10-4，10-5，10-6，10-7，10-8）。

　別の場面では，保育室の遊びの中で親しみの
ある柔らかい素材の樹脂製積み木を使って，新
聞を丸めて作った棒と組み合わせて置いておき
ました。子ども達は見つけるとぴょんぴょんと
リズムよく跳んだり，ひざを曲げて勢いをつけ

写真10-6　新聞棒を跳び越して遊ぶ（3歳児）

写真提供：名古屋市立二城幼稚園（愛知県）。

て跳んだりして遊び，棒の間隔や高さを自分で変化させて遊ぶ姿も見ら
れました（写真10-6）。

　また，5歳児のサーキット遊びを楽しそうに見ている姿があったこと
から，3歳児の保育室前の広いテラスを活用して，体を動かすことが楽
しめるよう，巧技台や一本橋などの遊具を用意しました（写真10-7，
10-8）。安心して取り組めるよう低い高さで平行に二本用意すると，両
足を広げて二本の棒の上に立ち渡っていく子どももいれば，一本橋の上
を渡っていく子どももいました。友達が渡り始めたのを見て，自分も挑
戦しようとして一本橋に乗りましたが足がすくんでしまった子どもがい
ました。その様子を見て保育者が横向きになり「〇〇ちゃん，カニさん
みたいだね。カニさんカニさん」と言って渡ると，その子は足を踏ん
張って，片方ずつ足を横へずらして移動させ，「カニさんカニさん」と
言ってゆっくり渡り始め，最後に渡り切って「やった！」と満足そうな

写真10-7　両足を広げて，棒の上に立って，渡る（3歳児）

写真提供：名古屋市立二城幼稚園（愛知県）。

写真10-8　またがって座り，手で体を支えながら腕の力で進む（3歳児）

写真提供：名古屋市立二城幼稚園（愛知県）。

表情を見せました（写真10-7）。

　また，ある子は一本橋の上にまたがって座り，「よいしょよいしょ」と手で体を支えながら腕の力で進んでいました。保育者が「○○ちゃんの渡り方も面白いね」と声をかけると，「先生，ねこだよ。にゃーにゃー」と言って四つ這いになって進みます。それを見ていた他の子もまねして同じように四つ這いになるなど，様々な動きを繰り返し楽しんでいました（写真10-8）。

　3歳児は，"おもしろそう""やってみたい"と心が動くような環境が大切です。安心できる高さに設定したことや，やわらかく扱いやすい素材や遊具を取り入れること，思わずやってみたくなるような楽しい雰囲気を保育者が醸し出すことなどの環境の構成が子ども達の遊びだしたくなる姿を引き出しました。

　また，子ども達の取組の様子に応じて，より楽しくなるようバリエーションをつけたり広いテラスを活用したりしたことで，保育室や中庭からも楽しそうに遊ぶ様子が目に入りやすくなり保育者や友達の動きを見て，"まねしてみたい""自分もやってみたい"という意欲的な姿や繰り返し取り組む姿へとつながりました。

　このように，子どもが興味や関心を持ち自らやってみようとする際には，子どもの動きや能力に応じて使用する遊具や器具の位置や間隔，高さなど，安全に配慮し，少しずつ変化させてさらに挑戦してみたくなるような働き掛けをしていくことも大切です。また，発達に応じて子どもが運動遊びの遊具や器具の正しい扱い方や遊び方を知り，周囲の状況を見て危険のないように遊ぶことができるようになること，けがをした時にはどうしてそうなってしまったのかを子ども自身が理解して，今後は

写真10-9　ベンチを運んで，うんていに挑戦する
　　　　　子ども達（4歳児）
写真提供：名古屋市立二城幼稚園（愛知県）。

写真10-10　たいこ橋で，一本抜かしの練習に励
　　　　　　む子ども（4歳児）
写真提供：名古屋市立二城幼稚園（愛知県）。

注意して遊ぶことができるように，保育者が関わっていくことも大切な
役割です。

　次に4歳児の姿です。4歳児は友達や保育者と一緒に遊ぶことが楽し
くなり，いろいろな遊びに自分から取り組むようになります。運動会後，
憧れの5歳児がやっていた踊りや綱引き，リレーなどを自分たちもやっ
てみたいと，教えてもらいながら一緒にやったり，挑戦したりしました。

　運動会後は体を動かすことが一層楽しくなり，友達がしている遊びや
保育者がしている動きを見て，“かっこいい”“自分もできるようになり
たい”という気持ちが表れてきます。うんていにチャレンジしたり，保
育者が足を高く上げ，しこを踏むのを見よう見まねでやってみて，相撲
ごっこを楽しんだりしました。「○○ちゃん，頑張れー！」の声援を受
け，張り切る気持ちも膨らみます。

　また，うんていができるようになりたいと頑張る子どもが，友達と一
緒にベンチをうんていまで運び，踏み台にして挑戦したり，たいこ橋の
下りの傾斜を利用して，一本抜かしの練習をしたりしていました。棒に
ぶら下がりやすい環境を自分達で考えて何度も挑戦する姿が見られまし
た（写真10-9，10-10）。

　保育者が遊び仲間になり，楽しそうに遊び方や遊具の使い方などを示
す姿や，異年齢の子どもの活発な動きを見たり一緒にやってみたりする
ことで子ども達は学んでいきます。保育者や友達などの魅力的な動きが，
思わず自分からやってみたくなったり“自分もできるようになりたい”と
心が動いたりして，繰り返し取り組む姿につながっていきます。保育者
は一人一人のちょっとした動きの変化やその子なりの工夫や頑張る姿を
捉えて認め，自信や意欲につなげていく関わりが大切です。

　また，子どもが自由に使える遊具や用具があることや簡単なルールの

ある遊びを繰り返し楽しむことで，友達と一緒に自分達で必要なものを考えて選んだり組み合わせたりして遊ぶ姿につながります。友達と同じ動きをする踊りなどは，音楽に合わせて動きをそろえたり，掛け声を掛けたりして一緒に

写真10-11　仲間と力を合わせて持つ・運ぶ・積む・掘る（5歳児）
写真提供：名古屋市立二城幼稚園（愛知県）。

遊びたくなる要素があり，仲間と共に遊ぶ楽しさを実感することができます。そして，みんなと遊ぶと楽しいからこそ，ルールを守って遊ぶ姿や"またやりたい"と繰り返し取り組む姿につながります。

　5歳児になると仲間と一緒に目的をもって遊ぶ姿が見られるようになります。砂場では，大きなシャベルで何度も砂を積み上げ山をつくったり穴を掘り進めたり，バケツにたくさん水を汲んで運んできては勢いよく流したりして協力して大きな海や水路をつくっていました。

　日頃の遊びで好きなもの（プリンセス・ヒーロー・忍者・警察官等）になって遊んだり，砂場で水路や海を作って遊んだりする中にも，様々な動きの要素が含まれています（写真10-11）。

　友達と役割を分担し，仲間と同じ目的に向かってイメージやアイディアを出し合い，協同性を発揮して活動を進めていく過程において，保育者は幼児期の終わりまでに育ってほしい姿を意識しながら，遊びの援助者・共同作業者などの役割を果たしていきます。

3　遊びの中で育まれた資質・能力を小学校教育へつなげる

　5歳児になると遊びをもっと面白くしようと，仲間や保育者と相談する姿も見られるようになります。毎日のように楽しんでいる靴取り鬼ごっこでも，築山や網のジャングルジムなどの高さのある遊具を活用するとより面白くなることに気付き遊び始めました。

Episode10-5　遊びの中で育まれていくもの——5歳児
　夢中になって楽しんでいる靴取り鬼ごっこ（写真10-12，10-13）。鬼に

写真10-12　靴を取られないように周囲を見張って
いる鬼役の子ども達（5歳児）

写真提供：名古屋市立二城幼稚園（愛知県）。

写真10-13　後方で靴を取られて，網のジャング
ルジムで待機する子ども達（5歳児）

写真提供：名古屋市立二城幼稚園（愛知県）。

　タッチされて靴を取られた子は，片足ケンケンで網のジャングルジムに登り，味方が靴を取り返してくれるまで待機します。鬼役の子どもたちは，取った靴を守ろうと周囲を見回しながら警戒しています。仲間が靴を取られたのを築山の上から見た子どもは鬼の動きと視線のすきをねらって築山から駆け下り，鬼の背中側からかがみながらさっと靴を抜き取りました。気付いた鬼に捕まらないように身をかわしながら走り，仲間に靴を投げて，バリア場（安全地帯）へ走り込んで止まりました。靴をキャッチした子どもは「ありがとう」と言って靴を履き走り始めました。

　この靴取り鬼ごっこの遊びにおいて，子ども達は築山や総合遊具などの高台からは全体が見渡しやすいことに気付き，相手のすきをねらったりタイミングを見計らったりして，スリルを楽しみました。また，仲間と一緒に遊びを楽しむ中で，相手の動きを感じながら動いたり，相手の目線などから動きを予測し，かけ引きをしたりする姿も見られるようになりました。そして，自分たちでルールを考えたりつくったりすることで，より仲間との集団遊びが楽しくなっていきました。

　このEpisode10-5からの事例を幼児期に育みたい3つの資質・能力（第1章）の視点から捉えてみます。この靴取り鬼ごっこの中で子どもは体を思う存分動かし，身体感覚が養われる多様な動き（遊具の登り降り，片足ケンケン，タイミングを計る，周囲の警戒，機敏に身をかわすなど）が引き出されてきました。また，遊びのルールを認識し，友達と共通理解して繰り返し楽しむようになりました（知識・技能の基礎）。

　このような姿は，これまで友達の様子を見て気付いたり，周りの状況を見て，自分がどのように動くといいのかを考えたりして行動に移し，

友達に認められるうれしさを感じてきた経験があったからだと考えられます。夢中になって遊びながら，心と体が連動して，友達の動きを予想したり瞬時に判断したり，工夫して表現したりする姿にも表れてきました（思考力・判断力・表現力等の基礎）。

　今後，こうした姿は役割を分担して協力したり，友達を思いやり粘り強く取り組んだりする中でさらに友達と目的を共有し，喜びや自信をもつことへとつながっていくと考えられます（学びに向かう力・人間性等）。幼児期においては，これら3つの資質・能力は一体的に育まれていきます。

　以下は事例に対する小学校の先生のコメントです。

　　この事例は，小学校学習指導要領　体育の低学年の内容「A：体つくりの運動遊び」や「E：ゲーム」にかかわっていきます。

　　小学校では，子ども達の体力の低下傾向を受け，低・中学年の体育授業時数の増加が図られています。また，運動する子どもとそうでない子どもの二極化傾向も見られます。「靴取り鬼ごっこ」のように子どもの心身の発達的特性に合った運動に繰り返し取り組むことで，運動の楽しさや喜びを実感し，運動好きになる根っこを伸ばしていってほしいです。

　運動遊びは小学校教育の教科「体育」へのつながりだけではなく，言葉で伝え合ったり，相手を思いやったりする経験なども含まれていて体育以外の様々な教科にも関連しています。これらを具体的な子どもの姿で伝えて，小学校へつなげていくことも保育者の大きな役割です。

【Work】

①Episode10-1のような子どもの姿を保護者に伝える時に，どのようなことに配慮するとよいでしょうか。考えてみましょう。

第11章
指導案，教材研究，模擬保育の取扱い

これまでの章では，領域「健康」に関わる事項について，学んできました。

本章では，これまでのまとめとして，指導計画について学んだ後，指導案の作成や模擬保育を通して実践力を身に付けていきます。

1．指導計画とは

指導計画とは，教育課程，全体的な計画（ねらいや内容を示す保育の方向性を表すもの）を基に作成する，実際に保育の中でどのように展開するかを表した具体的な計画であり，ねらいや内容，環境の構成，保育者の援助等を具体的に示したものです。

子ども自らが興味や関心を持って環境に関わりながら「何でだろう」と考え試行錯誤したり，友達など他者の気持ちに気付いたりすることや，みんなで同じ目的に向かって頑張る経験をすることなど，多様な経験を積み重ねていくことができるように，保育者は乳幼児期の発達の特性と一人一人の子どもの実態を踏まえ，保育の環境を計画的に構成していきます。そのうえで，子どもが安心して様々なことに取り組み，充実感や達成感を得て，更に好奇心や意欲を高めていくことができるように，一人一人の心身の状態に応じて適切に援助していくことで子どもの育とうとする力は発揮されていきます。このように，指導計画とは子どもの育ちを大切にしながら保育をする上で欠かせないものです。

1 教育課程・全体的な計画に基づく指導計画

各園では，園の方針や目標に基づき，「幼児期の終わりまでに育ってほしい姿」を踏まえながら，子どもの発達の過程，園や地域・家庭の実態を考慮して，創意工夫を生かした教育課程・全体的な計画を編成します。教育課程・全体的な計画は園生活の大まかな教育・保育の道筋を示したものであり，それを基に作成する指導計画には年間指導計画，期案，月案のような長期の指導計画と，週案や日案のような短期の指導計画があります。幼稚園や保育所，幼保連携型認定こども園では，これらの計画を基に保育を実践します。

ある幼稚園の長期の計画を見てみましょう。こちらの園では，3〜5

169

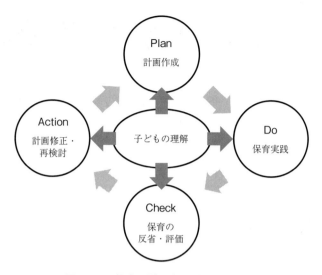

図11-1　保育の計画と実践のサイクル
出所：筆者作成。

歳児を見通して長期の計画を立てており，3歳児を1・2・3期，4歳児を4・5・6・7期，5歳児を8・9・10・11期としています。各年齢の年の計画として立てながら，それぞれの期の計画を立てています。その中の一つが表11-1「4歳児　第6期（9〜12月）」です。

2　計画と実践のサイクル

　指導計画と保育実践は一連の流れでつながっています。計画して実践，そして振り返りを繰り返すことで，よりよい保育の実践につながります。
　Plan（計画）・Do（実践）・Check（評価）・Action（改善）のサイクルを，PDCAサイクルと言います。このサイクルを保育の計画と実践に当てはめて考えていきます。具体的には，まず子どもの姿，育ちを把握し，計画を作成します（Plan）。次に保育を実践し（Do)，自身の保育について省察・評価を行います（Check)。そしてそこから改善案を考え（Action)，また次の指導計画へとつなげていきます。このサイクルを図に示したものが図11-1です。子どもの理解については，計画作成においても重要なポイントですが，その他の実践や振り返り，計画の再検討においても必要となる視点のため，PDCAの全ての項目に関わる形で示してあります。

表11-1　期の計画　4歳児　第6期（9〜12月）

4歳児　第6期 9月〜12月	期のねらい	自分のしたい遊びを楽しみながら，保育者や友達と気持ちが触れ合ううれしさを味わう。

子どもの姿

○自分のしたいことを表情や態度や言葉で表す。
・一緒に遊びたい友達を誘って，敷物や遊具を運び，自分達だけの場をつくって遊ぶ。
・自分のしたいことや，して欲しいことを保育者に言葉で伝えて実現させようとし，遊びに必要な物を手伝ってもらってつくって遊ぶ。
・楽しかったこと，驚いたこと，できるようになったことを保育者や友達に話す。
・これまで友達について遊ぶことが多かった幼児が自分の思いで動き始めるようになる。
・自分なりのイメージをもって，周りの物を見立てたり何かになって動いたりして遊ぶ。
・一緒に遊ぶ友達に思いが伝わらなかったり相手と思いが食い違ったりすると，悲しくなって泣いたり，悔しくて怒ったりして感情を表す。

○自分の思いをいろいろな方法で表現して遊ぶ。
・動物やアニメのヒーローになって，お面や飾り，変身用の装具や武器を持ち，なりきって動いたり話したりする。
・空き箱やいろいろな材料・素材（紙皿・紙コップ・毛糸・ビニールテープ・ストローなど）からイメージをもって思いついたものを作ったりかいたりする楽しさを感じている。
・自分が経験して楽しかったことや，心に残っている場面をごっこ遊びのなかで再現して遊ぶ。
・イメージしたことや経験したことを絵にかき，気に入ると何枚もかく。

○気の合う友達に目が向き，その友達のしていることや言っていることをわかろうとする。
・気の合う友達と言葉のやり取りをしながら，同じ場で遊ぶ楽しさを感じる。
・一学期に目に入らなかった友達がしていることに興味を持つようになる。
・友達の動きや，持っている物，身にまとっている物などに刺激を受けて自分もやってみたいという気持ちを持ち，同じように動いたり持ったりして"○○ちゃんと一緒"といううれしさを感じる。
・友達のしていることがわかり，友達の言葉やしぐさに同調し，自分なりの反応をして楽しむ。
・遊びのなかでそれぞれの役を言い合って友達に自分の役を認めてもらおうとする。
・友達と一緒にしている遊びのなかで，自分のやりたいところを見付け，取り入れて遊ぶ。
・自分の思いと同じような思いをもって遊ぶ友達ができ，「昨日の〜ごっこしよう」と誘い合うようになる。
・気の合う友達ができて，2，3人の中で「○○しよう」「こうしよう」など自分の思いを言葉で言い合う姿が見られる。そこから遊びの方向が見付かるとじっくり遊ぶ。

○体を動かして遊ぶことを楽しむ。
・走ったり跳んだり登ったりなど自分の体が思うように動かせることがうれしくて，喜んで繰り返し遊ぶ。
・保育者に誘われてリズム遊びをしたり繰り返し踊ることを楽しんだり友達がしている鬼ごっこやかけっこに加わったりして，保育者や学級の友達とみんなで遊ぶ。
・保育者に捕まえられたり逃げたりすることを楽しみながら鬼ごっこをする。
・5歳児がリズム遊びやリレー・綱引きをしている姿に刺激を受け，やってみようとする。

○周りの自然に関心を持ち，友達と一緒に関わることを楽しむ。
・コオロギやバッタを探したりヨウシュヤマゴボウやペチュニアの花びらで色水を作ったりする。またキンモクセイの匂いをかいだり園内外でどんぐりやまつぼっくり・イチョウの葉などを拾ったりする。
・空の青さに驚いたり面白い形の雲に興味を示したり飛行機やヘリコプターが飛んでいるのを見付けて保育者や周りの友達に伝え喜んだりする。
・学級の友達と一緒に畑で栽培したサツマイモや園庭の柿の実の収穫を喜ぶ。

○園生活の流れのなかで片付けや身の回りの始末などの必要なことがわかり，自分からしようとする。
・片付けの方法がわかり，自分が出したものを片付ける。部屋をみんなできれいにしようとし，積み木を運んだりごみを集めて捨てたりする。
・身の回りの物の始末の仕方がわかり自分でしようとする。やっていない友達に教える幼児もいる。

＜4歳児・第6期＞

ね　ら　い	内　　容
○自分のしたいことや心を動かしたことに自分なりの関わり方で楽しむ。	・自分の好きな動物やキャラクターになりきって動きや言葉などにして遊ぶ。 ・興味を持ったことに自分から関わって遊ぶ。 ・自分なりの思いや考えを話したり遊びのなかで出したりする。 ・イメージに合う遊びの場や遊びに必要なものを作ったり，自分なりにきれいに整えて遊んだりする。 ・空想の世界を楽しんだり，いろいろな素材を使ってきれいな飾りを作ったりする。
○自分なりの思いをいろいろな方法で表現しながら，気に入った友達と関わって遊ぶうれしさを味わう。	・考えたことや思ったことを言葉や動きや絵などで表現し，保育者や友達に伝える楽しさを味わう。 ・自分の思いを伝えながら，気に入った友達と関わって遊ぶことを楽しむ。 ・自分の思いやイメージを友達や保育者に伝えながら遊び，受け入れられたうれしさを感じる。 ・大型ブロックを組み合わせ，家や車を作って遊ぶ。
○自分と相手の思いの違いに気付いたり，我慢したり気持ちを切り替えたりする。	・友達とのやり取りを通して，相手の思いや自分の思いの伝え方に気付いていく。 ・一緒に遊ぶ友達の言葉を聞いて，同じように話したり，相手の動きに合わせたりして遊ぶ。 ・周りの友達の様子から，自分の言動が良いことかいけないことかに気付いていく。 ・気の合う友達とのやり取りを通して何となく相手の気持ちがわかり，譲ったり我慢したりしながら気持ちを立て直していく。
○保育者や友達と一緒に体を動かして遊ぶ楽しさや気持ち良さを感じる。	・スポーツジムのコースでいろいろな体の動かし方をしたり，固定遊具に挑戦したりする。 ・保育者や友達とかけっこや鬼ごっこなどをして思い切り走ったり体を動かしたりして遊ぶ。 ・リズム遊びやわらべ歌遊びをしながら保育者や友達と手をつないだり踊ったり声を合わせて歌ったりする楽しさを感じる。 ・5歳児がしていることに興味を持って，同じようにやってみることを楽しむ。 ・跳ぶ，ぶら下がる，渡るなど簡単な動きを繰り返し楽しむ。
○自然の変化や身の回りの様々なことに気付き，興味をもって自分から関わっていこうとする。	・虫を探して飼ったり，落ち葉や園庭の柿，どんぐりなどの木の実や種を集めたりして，身近な自然に触れ，季節の変化を感じる。 ・ブロッコリーの苗を植えて水やりをしたり，畑のサツマイモの収穫を喜んだりして，季節ごとの野菜に興味を持つ。 ・地域の公園に出かけ，どんぐりやまつぼっくりなどを拾い，アクセサリーやこまなどを作って遊ぶ。 ・色や形，手触りなど，イメージに合う材料を集めたり心地良い場を選んだりして遊ぶ。 ・園外に出て，自分なりに安全に気を付けて歩いたり，保育者や友達と弁当を食べたり，気付いたこと思ったことを話したりして楽しむ。 ・公共交通機関を使って出かけたり，公共の場でのマナーを知ったりする。 ・全体での誕生会に参加することで，自分が大きくなる喜びを感じる。
○生活していく中で必要なことがわかって進んでしようとする。	・片付けた後の気持ち良さを味わったり次に行う活動に期待を持ったりして，進んで片付ける。 ・机ふきや，掃除など保育者の手伝いを喜んでする。 ・気温の変化や活動，体調に応じて，保育者と一緒に服装を調節して気持ち良さを感じる。 ・遊びのなかで危険な場所や遊び，状況に気付いていく。

環 境 の 構 成

○**自分なりの思いや考えをもって遊ぶことができる環境**
・自分の思いを表情や態度で表している姿から，保育者はその思いをくみ取って「〜だったんだね」と幼児の思いを言葉にして，幼児自身が自分の気持ちをわかってもらえたという安心感を持てるようにする。
・自分で敷物を敷いたり遊具を運んだりして自分で遊びの場をつくることができるよう，幼児の動きに合わせて保育者も一緒に動いて，幼児の思いが実現できるようにしていく。
・幼児の素朴な表現の仕方を保育者が丁寧に受け止めていくことで，幼児が自分なりに気付いたり試したり，感じたりすることがうれしいことと思えるようにしていく。
・組み合わせて自分のイメージしたものを作れるように，様々な素材（様々な大きさの箱・新聞紙・広告紙・紙皿・紙コップ・ビニールテープ・ストロー・毛糸など）を用意し，選びやすいように置いておく。
・なりきって話をしたり動いたりしてごっこ遊びをするなかで，表現するうれしさが感じられるように，身にまとう物（お面ベルト・スカート・ベール・エプロンなど）や，遊びに必要な物（アクセサリー・船・車など）を幼児と一緒に作る。また保育者も幼児と同じ物を持ったり身にまとったりして，幼児が楽しいと感じている楽しさを感じながら遊ぶ。

○**友達と一緒に遊ぶ楽しさが感じられる環境**
・友達と同じような物（踊りの手具・服・スカート，お面ベルトなど）を持つことを楽しんでいるので十分に用意する。
・自分達の気に入った遊びの場をつくり遊ぶことができるように，牛乳パックや段ボールのつい立てや仕切りなどを用意する。
・自分の思いがうまく伝えられない時には，その幼児の思いを保育者がまずは受け止めて共感し，相手にわかりやすいように，必要な言葉を付け加えて伝え，周りの友達が一緒にどうしたらよいか考えていけるような雰囲気をつくっていく。

○**保育者や友達と体を動かして遊んでみたくなる環境**
・学級のみんなで鬼ごっこ・リズム遊び（じゃんけん汽車）やわらべ歌遊び（はないちもんめ・あぶくたった・かごめかごめ）などを繰り返して楽しめるように，白線を引いたりコーナーポストを用意したりする。また，保育者も全身をいっぱい動かし，表情豊かに動きながら，一緒にやってみたくなる雰囲気をかもし出すようにする。
・幼児が気に入った場所で踊ったり歌ったりできるように，自由に持ち運べるカセットデッキやカセットテープ・楽器（鈴・カスタネット・タンブリンなど）を用意しておく。また，音楽はわかりやすい歌詞で自然に動きたくなるような曲や繰り返しの動きがある曲を用意する。
・5歳児にあこがれの気持ちをもって，まねて踊ったり動いたり5歳児に教えてもらったりできるようにカセットデッキや道具を使えるようにしたり貸してもらいに行くことができるように連絡を取り合っていく。

○**身近な自然に関わることができる環境**
・秋らしい自然物（どんぐり，まつぼっくり，落ち葉など）を用意し，季節の移り変わりを感じながら遊べるようにする。
・園内にある自然物（コスモスなどの花・柿・米・落ち葉）を一緒に見たり，虫を捕まえる道具（虫かご・網）や畑のサツマイモにいつでも水やりができるようにジョウロを用意したりして自然に触れ合うことができるようにする。

○**生活に必要な約束やルールに気付き，自分も守ろうとする環境**
・使ったものは自分で片付けたり，共有のものを気付いた幼児が片付けたりすることができるように，保育者が率先して片付ける姿を見せていく。「パトロール」と言ってみんなで探し回ったり，「これお願いします」と具体的に頼んだりして，きれいに片付いた気持ち良さを感じとれるようにする。

保育者の援助のポイント

◯自分の思いをいろいろな方法で表しながら遊ぶ楽しさを味わえるようにする。
・保育者に休み中のことを話したり，一緒に遊びたい気持ちを表したりする。その思いを十分に受け止めることで，保育者とのつながりが感じられるようにする。また，休み中の経験から味わった感動や気付きを，行動，言葉，描画，製作など様々な方法で表せるよう働きかける。
・「また今度これで遊ぼう」「続きにしよう」などと使った遊具や道具などに対して思い入れがでてきたり，次にすることは何かという生活や遊びに対する見通しが少しずつ持てるようになったりするので，主体性を発揮する姿として大いに認めていく。
・保育者はその幼児なりの見立てやイメージを大事に受け止め，驚いたり認めたりして幼児がうれしくなるようにする。また継続して遊びが楽しめるような場やいろいろに表現できる素材や用具を用意したり，物を大切にする姿勢を見せたりしていく。

◯友達や保育者と関わりながらしたいことをする楽しさを感じることができるようにする。
・ごっこ遊びのなかで一人一人が自分なりのイメージや思いを持っている。それを保育者が引き出したり，認めたりしながら周囲の友達に伝え，イメージが伝わるうれしさを感じられるようにする。
・遊びのなかで友達と思いが一緒であれば楽しさを感じることができる。しかし，思いが違ったり自分の思い通りにならなかったりすると悲しかったり戸惑ったりする。保育者が間に入って幼児の気持ちをわかって受け止めたり相手の思いを伝えたりして，もう一度遊び始めたり相手の思いに気付いていけるようにする。
・自分の思いがうまく相手に伝わらず戸惑ったり怒ったりする。自分の思いをどう相手に伝えたらいいのか知らせたり一緒に考えたりして自分の思いを言葉で伝えることができるようにする。

◯学級の友達と一緒にいることが楽しくなるようにする。
・学級の友達に親しみや安心感を持ち始めて，友達と関わることがより楽しくなってくる。みんなで一緒に同じ動きや掛け声を合わせて楽しめるような踊りや簡単で楽しいゲーム，繰り返しのある紙芝居・絵本を取り入れる。いろいろな友達と触れ合う機会をつくり，学級の一員としての意識を深めていく。
・幼児が考えたことや面白い遊びを学級で紹介し，友達に興味を持ったり遊びが広がったりできるようにする。

◯自分の体を思い切り動かしたり秋の自然に触れたりして戸外で過ごす楽しさを感じられるようにする。
・自分の体を思うように動かして楽しめるようになり，友達や5歳児の動きを取り入れ，さらに体を動かして遊びたいという欲求も高まってくるので，繰り返し遊べる場をつくったり用具や遊具を準備したりして，跳ぶ・はねる・渡るなどいろいろな動きや遊びが楽しめるようにする。
・保育者が楽しそうに動いたり走ったりして幼児が楽しい雰囲気で動けるようにする。
・一緒にコオロギやバッタのいそうな場所を探してつかまえたり落ち葉を拾って大切にしたりする。また幼児が自然に対して様々な思いを寄せられるように保育者が感じたことを口に出しながら関わっていく。
・畑のサツマイモの生長や園庭の柿の実の様子を幼児と一緒に見たり，収穫をともに喜んだりして，秋の実りを感じられるようにする。

◯園生活に必要なことを自分でしたくなるようにする。
・幼児が自分の生活に必要なこととして遊具の片付けや気持ち良く遊びの場を整えることができるように，保育者も物を大切に扱ったり手を貸したりする。また，友達が遊んでいた場でも片付けや掃除などを手伝おうとするときには，認めたり「○○ちゃんありがとう」とお礼を伝えたりして，自分のしたことを認めてもらえるうれしさを感じられるようにする。

出所：名古屋市立第一幼稚園（愛知県）　全体的な計画・指導計画をもとに筆者作成。

2．指導案の作成にあたって

　指導案は，保育実践の具体的な方法を示すものであり，子どもの育ちや活動に対する保育者の思いや願いに添って保育を進めていくために必要なものです。大まかな発達の姿（各園で作成された各年齢における年間指導計画）を基に，ねらい・内容・環境の構成・保育者の援助や配慮などを考え，円滑に保育が進められるように，また，見通しをもつために作成します。では，その作成の過程について見ていきましょう。

1　実態把握による子どもの理解と評価・改善

　指導案を作成する際に，まず大切なのは，子ども理解に基づいた実態把握です。実態把握では，一人一人の子どもが，今，何に興味を持っているのか，何を感じているのか，また何を実現しようとしているのかをよく見て捉えていくことが重要です。そのうえで保育は次のようなプロセスで進められます。

　①子どもの姿から，ねらいと内容を設定する。
　②ねらいと内容に基づいて環境を構成する。
　③子どもが環境に関わって活動を展開する。
　④活動を通して子どもが発達に必要な経験を得ていくような適切な援助を行う。

　具体的な保育は，この①〜④の循環について，子どもの活動と経験を予想した指導計画を立てて行われますが，この計画は一つの仮説ですので，実際の子どもの姿に応じて，これらの全ての点について，適切かどうかを検討しながら評価・改善していくことが求められます。

2　指導案の作成手順

　ここからは，指導案を作成する手順について，以下のような一つ一つの項目について見ていきましょう。

①ねらいと内容について

　指導案には，「ねらい」と「内容」があります。「ねらい」とは，それぞれの時期における子どもの発達の姿から，育ってほしい姿，つまり保育者が「こうなってほしい」と願う姿を具体的に示したものです。そして，「内容」とは「ねらい」で考えた子どもの姿になるために，どのようなことを経験するといいのか，具体的にどのような活動をするのかと

いうことを示したものです。子どもの理解から，今，子どもに何が育とうとしているのか発達の姿を捉え，ねらいと内容を設定します。

②環境の構成と教材について

　保育は環境を通して行うものです。保育における環境とは，建物や設備，園内にある自然や遊具，素材などの物的な環境と，自分をはじめ，親や祖父母などの家族，地域の人々，園の保育者や友達，それらの人々との関係性やそれらが醸し出す雰囲気などを含めた人的環境があります。また，空間や時間などのほか，様々な環境が関連し合ってつくり出される状況など，子ども一人一人の発達を促すものであり，保育者によって意図的，計画的に構成されるものでもあります。

　その際，一人一人の子どもが発達に必要な体験が得られるように，環境として具体的な「教材」が必要となります。保育実践における「教材」とは子どもの発達に合わせて作られたもの（遊具や絵本，歌や体操など）や保育者が意図的に教材化して用いるもの（出来事，地域の施設や人，行事や生活習慣など）が様々あります。

　領域「健康」の視点で教材を見てみると，例えば体を動かして遊ぶブランコ・鉄棒（固定遊具）やボール・縄跳びの縄，食育につながる栽培物（野菜など），身体の健康に関する手洗いやうがいの歌，またその手順を示した掲示物，交通安全や防犯について指導してくれる警察署の方など多様に考えられます。

　保育者はこれらの教材が子どもの発達にとってふさわしいものか，子どもが興味や関心を持ち，主体的に関わりやすいものか，子どもの豊かな遊びやその中で学びをもたらすものかなどを考え，環境の中に設定し，子どもとのより良い豊かな出合いをつくっていきます。その意味で様々な教材研究が大切です。子どもの発達の姿を捉え，設定したねらいや内容によって，一つの活動においてもどのような教材（人的・物的）を準備し，空間や時間なども含めてどのように組み合わせて構成していくのかが重要です。

③子どもの姿と保育者の援助について

　ねらい・内容を設定し，どのような教材を使って環境を構成するかを考え，具体的な活動や流れをイメージできたら，予想される子どもの姿を考えていきます。そして，「このようなやり方で子どもたちは楽しめるだろうか」「どのような言葉掛けをすれば伝わるだろうか」など，子どもの姿を想像して具体的に考えていきます。その予想される子どもの

姿に対応して保育者はどのようなことに配慮し，想定した場面ではどのように援助するといいのかを考えていきます。乳幼児期の発達を見通して，各時期の関わり方，留意することをもとに援助の仕方を考えましょう。

④指導案の作成

　ではここからは，具体的に４歳児の子どもの姿より指導案作成について見ていきましょう。まず，この時期の子どもの姿からです。表11-1の４歳児６期（9～12月）の子どもの姿（抜粋）を見てみましょう。

子どもの姿
○体を動かして遊ぶことを楽しむ。 ・走ったり跳んだり登ったりなど自分の体が思うように動かせることがうれしくて，喜んで繰り返し遊ぶ。 ・先生に誘われてリズム遊びをしたり繰り返し踊ることを楽しんだり友達がしている鬼ごっこやかけっこに加わったりして，先生や学級の友達とみんなで遊ぶ。 ○周りの自然に関心をもち，友達と一緒に関わることを楽しむ。 ・コオロギやバッタを探したりヨウシュヤマゴボウやペチュニアの花びらで色水をつくったりする。またキンモクセイの匂いをかいだり園内外でどんぐりやまつぼっくり・イチョウの葉などを拾ったりする。 ・学級の友達と一緒に畑で栽培したサツマイモや園庭の柿の実の収穫を喜ぶ。

　そして，この園の10月の指導計画（抜粋）には，下記のように示されます。

子どもの姿
・運動会を通して保育者や友達と一緒にかけっこや踊りなど体を動かすことが楽しくなってきている。また，年長児の競技や演技をあこがれの気持ちをもって見たり，応援したりすることで自分たちもやってみようとする姿が見られる。 ・園庭や近隣の公園でどんぐりを見付けて拾ったり，畑のサツマイモを収穫できることを楽しみにしたりして，秋の自然物に興味や関心を持ち，自分の見付けたことや気付いたことを保育者や友達に伝えようとする。

　さらに10月第３週（部分指導案前週）の週案（抜粋）には，下記のように見られます。

子どもの姿
・進んで戸外に出て，保育者や友達と一緒に鬼ごっこを楽しんだり５歳児に刺激を受けて縄跳びやフープなどをくり返ししたりする姿が見られる。 ・9月に苗を植えたブロッコリーに水やりをしたり，来週植える予定のチューリップの球根を見ながら，好きな色を友達と伝え合ったりしている。

　そして，10月の４歳児の姿を捉えながら，第４週の週案を作成し，そこから10月25日の日案を作成しました。表11−2はその部分指導案です。
　＜子どもの姿＞については，以下のような姿が見られました。

子どもの姿
園の畑で水やりをしてみんなで育てたサツマイモを収穫し大喜びの子ども達。たくさん採れたいろいろな大きさや形のサツマイモを手に取りながら，どのように調理して食べたいか考えています。そして，園庭の柿の木の実が色づきつつあることに気付いた子どもたちはその収穫を楽しみにしています。また，10月初旬の運動会後，ますます体を動かすことが活発になり，しっぽ取りやバナナ鬼などのルールのある鬼ごっこを楽しむ姿が見られるようになってきました。

　以上から，表11−2のように＜子どもの姿＞を記しました。
　＜ねらいと内容＞については，これらの姿から，「友達と一緒にルールのある遊びを楽しみ，身近な野菜に興味を持つ」という＜ねらい＞を設定しました。そのためには子どもがどのような経験をするといいのか考え，クラスのみんなが楽しめるように「集団ゲーム『野菜バスケット』をする」という＜内容＞にしました。ここには，季節の中で自然の変化を感じ，実りの秋に収穫する野菜や果物にも興味を持ち，食する喜びにつなげていきたいという保育者の思いや遊びの楽しさを共有してさらにいろいろな友達との関わりを広げてほしいという願いが込められています。
　＜環境の構成＞では，教材として，収穫を喜んだサツマイモの他に夏野菜の栽培で親しみのあるキュウリやトマト，秋の収穫祭ハロウィンが近いことから，カボチャなどの身近な野菜を取り上げました。また，初めて行う集団ゲームでもあり，椅子を円形に並べて座った時に，よくわかるような大きさや形・色で描いた野菜のペンダントをあらかじめ作って準備しました。ゲームを行う場は，片付け時に机や遊具など保育室の隅に収納し，子ども達が動きやすいように十分なスペースを取るようにしました。子どもの人数や保育室内の状況によっては広い遊戯室・多目的ホール等を使用するのも良いでしょう。
　今回は「野菜バスケット」にしましたが，柿を収穫することを楽しみに「フルーツバスケット」にして子ども達が好きな果物や秋に収穫する季節の果物などを取り上げてみるのも良いでしょう。また，赤・黄・緑など色別の野菜や果物を子ども達と考え，絵本や図鑑を見て自分の好きなペンダントを作り，ゲームを楽しんだり，園庭に野菜や果物の形をラインで描き，引っ越し鬼をして，十分に体を動かす遊びを楽しんだりするといった展開も，子ども達の姿を受け止めながら考えてみると良いでしょう。

表11-2　部分指導案例　4歳児10月25日

日時	○○年　10月　25日　○曜日		
年齢	4歳児　　　男児　○名　・　女児　○名　　計　○名		

<子どもの姿>
・サツマイモを収穫したことを喜び，もうすぐ柿が収穫できることを楽しみにしている。
・しっぽ取り，バナナ鬼など，ルールのある遊びを楽しむようになってきている。

<ねらい>		<内容>	
・友達と一緒にルールのある遊びを楽しみ，身近な野菜に興味を持つ。		・集団ゲーム「野菜バスケット」をする。	

時間	環境の構成	予想される子どもの姿	保育者の援助
10:30	・子どもたちが動きやすいように，十分なスペースをつくる。 <準備物> ・椅子　人数分○脚 ・野菜のペンダント　人数分○個 　サツマイモ 　カボチャ 　キュウリ 　トマト 　ブロッコリー <保育室> （椅子を円形に配置した図）	○保育者の話を聞く。 ・「カボチャ」「キュウリ」「ブロッコリー」など，思いついた野菜や栽培している野菜の名前を声に出したり，「トマトが好き」など，保育者に伝えようとしたりする。 ・保育者が配るペンダントを首に掛け，同じ野菜の友達を見つけ「○○ちゃんと一緒だね」と喜ぶ。 ○野菜バスケットをする。 ・保育者から遊び方（ルール）を聞いてすぐにやってみようとする。 ・自分のグループの野菜の名前が呼ばれたら，他の椅子に移ることができるか心配そうな表情の子どもや楽しくなって走り回る子どももいる。	・「この間，イモ掘りをしたけど，他にはどんな野菜があるか知っているかな？」と子どもに尋ねたり，「野菜のペンダントを作ってきたよ。どんな野菜が描いてあるかな？」と言葉を掛けたりしながら一人一人に配り，野菜バスケットへの期待を高める。 ・「○○ちゃんと○○くんは同じサツマイモだね」などと言葉を掛け，同じ野菜の子ども同士が仲間を確認できるようにする。 ・「あわてなくても大丈夫だよ」と伝えたり，友達とぶつかってけがをしないよう，移動の仕方を実際にやって見せたりして，子ども達が安全な遊び方について考えられるようにする。 ・野菜の呼び方を工夫し楽しい雰囲気をつくっていく。
11:00		○野菜バスケットを終え，保育者の話を聞く。 ・自分の好きな野菜を言う子どもや，もうすぐ収穫する柿を楽しみにしている様子の子どももいる。	・「今日は秋の野菜で野菜バスケットをしたけど，みんなは他にどんな野菜や果物を知っているかな？」と子どもに話し，様々な野菜・果物に興味を持てるようにする。

出所：筆者作成。

　<子どもの姿と保育者の援助>には，保育者が配るペンダントにどんな野菜が描かれているのかワクワクしながら待つ子どもの姿や友達と同じ野菜だったことを喜んだり，野菜の名前を呼ばれたときに一緒に動く仲間であることを意識したりする子どもの姿が予想されます。また，保育者から遊び方（ルール）を聞いて，すぐに動き出そうとしたり，他の椅子へ移ることができるか心配になったりする子ども，繰り返すうちに楽しくなってはしゃいだり，慌てて移動したりする子どももいるかもしれません。「ねらい」にあるようにみんなが楽しめるためには，楽しい雰囲気づくりを心掛け，いろいろな状況を予想し，保育者が動きで示して見せることで子ども達が考えて行動に移すことができるようにすることも大切な援助となります。

　ここまで，指導案の作成について説明してきましたが，実際の保育では，計画した通りに進めようとするのではなく，その時の子ども達の反応を受け止め，予想外のことが起きた時にも柔軟に対応していくことが大切です。

　<評価の視点>は，実践後の振り返りでは，ねらいや内容は今の子ども達の姿に合っていたのだろうかという子ども側からの視点と，環境の構成はどうだったのか，言葉掛けや関わり方など援助の方法は適切であったかという保育者側からの視点の両方から捉え直していくことが必要です。子ども達のよりよい体験につなげていくために，一人一人の発達過程や，目には見えない内面も理解しようとする姿勢を大切にして，常に目の前の子どもの姿に応じた保育を心掛けていきましょう。

3．模擬保育の実際

　指導法の授業では集大成として模擬保育を行います。今まで学んだことをいかして取り組みましょう。

1　事前の準備

　指導案の作成の手順を理解することができたら，実際に模擬保育を行ってみましょう。模擬保育を，保育者として実践し，子ども理解や保育者の役割の理解を深めたり，指導計画の立案，実施，反省・評価を行い，保育者に必要な保育を構想していく力を養ったりしていきましょう。

　養成校の授業内で行う場合は，実際に子ども達の前で保育を行うこともありますが，多くの場合，クラスみんなの活動の時間（一斉保育場面）を取り上げ，学生同士が，保育者役（指導案立案者）と子ども達役に分

かれて，模擬保育を行います。この授業で学んだことだけでなく，今まで養成校で学んだことやインターンシップ，実習，ボランティア活動等で経験したことをいかして，模擬保育に取り組みましょう。

　保育者役は，1人で行うこともあるでしょうし，複数人で行うこともあるでしょう。ここでは，複数人で行う場合の手順の例を示します。

①年齢や時期，活動を決め，大まかな保育の流れを決める。
②子どもの姿を想定し，ねらいを決める。
③ねらいを達成する活動となるよう，教材研究を行う。
④教材研究の結果をもとに，指導案を作成する。
⑤具体的な子どもの姿や保育者の援助・言葉がけを出し合い，指導案を修正・改善していく。
⑥ねらいを達成することができるような指導案になっているかどうかを再度確認する。
⑦環境の構成や教材の準備を行う。
⑧模擬保育時の役割を決める（どの役割もできるようにしておく）。

　では，領域「健康」の保育内容を主たるねらいとした指導案を立案する際には，どのような遊びや活動が内容として考えられるでしょうか。

①身体を使った遊びに関する指導
　領域「健康」のねらい「（2）自分の体を十分に動かし，進んで運動しようとする。」とあるように，自ら体を動かして，活動することを喜ぶ子どもを育てることが大切です。
　その為にも，子ども達がやってみたいと思えるよう，興味を引くような活動を心掛けましょう。活動を通して，領域「健康」の内容の取扱い（1）にあるように「十分に体を動かす気持ちよさを体験し，自ら体を動かそうとする意欲が育つようにすること。」や子ども達が自由な遊びの時間に主体的に遊ぶことができるような活動であったり，戸外へと目を向けられるような活動を考えてみましょう。また，2017年の改訂（改定）で，内容の取扱い（2）に「多様な動きを経験する中で，体の動きを調整するようにすること。」という文言が加わっていることから，子ども達が多様な動きを経験できるような活動を考えることも必要な視点となるでしょう（本書第8章）。さらに，身体を使った遊びは，集団でのルールのある遊びを経験することができます。社会性の発達など心理的な発達とも関わっているので，発達段階に合わせて，クラス全体での遊

びや活動を提案してみましょう。

②食育活動に関する指導

　領域「健康」の内容の取扱い（4）には，「健康な心と体を育てるためには食育を通じた望ましい食習慣の形成が大切であることを踏まえ，幼児の食生活の実情に配慮し，和やかな雰囲気の中で教師や他の幼児と食べる喜びや楽しさを味わったり，様々な食べ物への興味や関心をもったりするなどし，食の大切さに気付き，進んで食べようとする気持ちが育つようにすること。」とあります。食育活動は，園の環境や地域の状況によって様々な形で行われています（本書第7章）。栽培活動やクッキング等，よく園で行われている活動は模擬保育で取り上げることは難しいでしょう。子ども達が食育に興味を持てるような遊びや活動を考えてみましょう。

③健康教育に関する指導

　領域「健康」の内容（9），「自分の健康に関心をもち，病気の予防などに必要な活動を進んで行う。」とあるように，保育者は健康にかかわる事項についても子ども達が主体的に活動できるように援助しています。

　健康に関する活動は，子ども達は，日々の保育の中で多くを経験し身に付けています。例えば，手洗いうがいの励行，歯磨き，栄養バランスの取れた食事を摂るなどがあげられます。模擬保育で行う場合は，それらを再確認し子ども達が主体的に行えるようになる活動や，歯と口の健康週間（虫歯予防デー）や歯科検診，身体計測や内科検診等の行事をきっかけに自らの健康に興味を持てるような活動を考えてみると良いでしょう。

　その際，子どもたちが正しい知識を持てるように，保育者自身が正しい知識を持っていることが大切です。正しい知識を再確認し，指導案に活かしましょう。

④安全教育に関する指導

　領域「健康」の内容の取扱い（6）には，「安全に関する指導に当たっては，情緒の安定を図り，遊びを通して安全についての構えを身に付け，危険な場所や事物などが分かり，安全についての理解を深めるようにすること。また，交通安全の習慣を身に付けるようにするとともに，避難訓練などを通して，災害などの緊急時に適切な行動がとれるようにすること。」とあります。

また，学校安全の領域は，「生活安全」「交通安全」「災害安全」の3つとしています(1)（本書第9章）。

交通安全についての指導や，避難訓練・防犯訓練については，子ども達の命を守るためにとても重要な活動です。基本となる約束事や避難の基本について学んだことを活かして（第9章），交通安全に関すること，災害時の避難訓練，防犯訓練等でも模擬保育をしてみましょう。避難訓練に関しては，必要な訓練が地域によって異なることがあります。その地域に必要な訓練を取り上げて模擬保育を行うことも良いでしょう。

どのような活動で模擬保育を行うとしても，幼稚園教育要領や保育所保育指針，幼保連携型認定こども園教育・保育要領に書かれている，「ねらい」「内容」「内容の取扱い」を踏まえて，子ども達の発達に合った活動を考えなければなりません。本書や今まで使用してきた他の科目のテキストに掲載されている園の年間計画を参考にしながら，実際の子ども達の育ちを予想し活動を考えていきましょう。また，他の領域を履修済みであればその学びも含めて立案しましょう。

子ども達にわかりやすく丁寧に伝えたい活動であれば，視聴覚教材の使用が有効です(2)。教材研究の際に，何をどのように使用することで教育的価値が高められるのかを十分に検討し，計画を立案しましょう。また，近年は，ICTの活用も行われています。経験することが難しい活動を補完するために活用しましょう。

2　模擬保育の実施

保育者役は，指導案をもとに，環境を構成し，必要なものを用意した後，模擬保育を行いましょう。しかし，準備を十分に行っても，模擬保育は，指導案通りには進むとは限りません。予想外のことが起こったり，予想した子どもの姿と実際の子どもの姿に相違があったりします。そのような場合は，状況を瞬時にとらえて，環境を再構成したり，援助を修正したりする必要があります。

子ども役の学生も，指導案にある，対象の年齢，子どもの姿を事前に把握し，指導案に記載されている子どもの姿をイメージして子どもになりきって参加しましょう。子どもの立場から子ども理解を深めたり，保育者の良い点や改善点も考えたりしてみましょう。

3　事後の振り返り

模擬保育を終えたら，模擬保育に対して協議を行います。保育者役・

（1）学校安全の活動は，安全教育，安全管理，組織活動の3つの柱で構成しており，学校安全の領域は「生活安全」「交通安全」「災害安全」の3つとしている。
① 「生活安全」：学校・家庭など日常生活で起こる事件・事故を取り扱う。誘拐や傷害などの犯罪被害防止も含まれる。
② 「交通安全」：様々な交通場面における危険と安全，事故防止が含まれる。
③ 「災害安全」：地震・津波災害，火山災害，風水（雪）害等の自然災害に加え，火災や原子力災害も含まれる。
文部科学省「『生きる力』をはぐくむ学校での安全教育」2019年，https://www.mext.go.jp/component/a_menu/education/detail/_icsFiles/afieldfile/2019/04/03/1289314_02.pdf（2023年7月28日閲覧）。
（2）視聴覚教育
具体的・映像的体験を提供するメディア（媒体）によって，学習の効果を高める意図をもって計画し，実践される教育をいう。保育においては，絵本・紙芝居・ビデオ・OHP・放送・映画・コンピューターなどの利用によって行われるが，言葉の世界を生きはじめて間もない幼い子ども達の生活において，具体的なかたちで様々なことを伝えうる視聴覚的方法は大きな意味を持つ。それゆえに，それぞれの特性（長所・短所等）をふまえたうえで，保育のねらいに基づいて適切なメディアを選択していく力が保育者に必要である（森上志朗・柏女霊峰編『保育用語辞典』第8版，ミネルヴァ書房，2016年）。

子ども役それぞれから，よくできた点や改善点等を出し合いましょう。

　その後，保育者役をした場合は，指導案にある評価の観点から模擬保育を評価しましょう。評価の観点は，子ども側からと保育者側からの2つの視点から評価が必要です。子ども達は，どのように遊びや活動に取り組んでいたのか，どのような経験をすることができたのか，子ども達の興味や関心，育ちから，ねらいや内容の設定は適切であったか，環境の構成や援助は適切であったか等を振り返りましょう。

　模擬保育を実際に行ってみると，指導案通りに進まなかった，予想していた子どもの姿と相違があった等も考えられます。その際は，その理由を考えることが必要です。また，子どもの姿から，臨機応変に援助の修正をしたところもあるでしょう。それらを反映し，指導案を修正しておくことで，今後に活かせる指導案となります。

　子ども役をやった場合でも，よかった点や改善点，私だったらこうしていたかもということをまとめておきましょう。加えて指導案の修正をすることで，より学びが深まるでしょう。

【Work】

①教材研究をもとに，部分指導案を作成し，模擬保育を行いましょう。
②振り返りも大切にし，指導案がより良くなるよう修正してみましょう。

お わ り に

　本書は，平成29年度に改訂（改定）された幼稚園教育要領，保育所保育指針，幼保連携型認定こども園教育・保育要領に基づき，保育内容5領域の一つ，「健康」に焦点を当てたものです。

　よく保育内容の領域は子どもの発達を見る「窓」のようだと称されます。とすれば，領域「健康」は，乳児期から生涯を通しての心身の発達と健康にかかわる基本的な生活習慣，自ら身体を動かし遊びに没頭する中で身に付けていける，しなやかな身体の動きやそれに伴う人やモノとの関わり，そしていつ，どこで，なにが起こってもおかしくない災害に対する備えや日常的に安全で安心な生活を送るための方策など，幅広く多様な視点から，子ども達の発達を見ていく「窓」です。

　まさに一人一人の生涯を支える土台に関わる領域なのです。

　特にここ数年続いているコロナ禍で，幼稚園・保育所・こども園等は慎重に消毒を行ない，クラスターの発生予防に気を配り，緊張が抜けない生活を強いられてきました。

　子ども達の生活も，黙食や遊びの制限など我慢の日々が続いてきています。この原稿を執筆している時点では，少しは緩和されたとはいえ，保育者は常にマスク着用で口元が見えず，食べる時に「もぐもぐ」などの動作を見せられない歯がゆさがあると思います。本書が刊行される時期にはもう少し緩和されていることを願いつつ，改めて心身の健康を支えるこの領域の重要性を認識する日々です。

　そして，こうした生活の中だからこそ，領域「健康」には，新たな視点や保育の工夫を加えていく必要が出てきています。

　今回，新進気鋭の研究者を揃え，新しい令和の時代にふさわしい領域「健康」のテキストを企画する運びとなりました。

　全国の優れた研究者がそれぞれの観点からアプローチした本書を，これから保育の場に出ていく学生さんに使っていただき，新たな視点から，領域「健康」の意義を見出してほしいと思っています。

　「令和の日本型学校教育（中教審答申）」にも書かれているように，「不測の時代」，これまでの常識では解決できない課題もたくさん起こりうると思われます。しかし，子どもが成長していく上で，心身が健康であることは基本であり，朝起きてしっかり朝ごはんを食べ，日中思い切り身体を動かして遊び，夜はぐっすり眠る……という，一日をトータルで考え，日々それを繰り返して生活を創っていく……そこに保育という営みがどう関わり，家庭や地域と連携し，支援し，より豊かな生活を創っていくか？　子ども達の発達を支えていくか？　を本書から学んでもらえればと願っています。

同時に，本書を読んでくださる全ての方にとっても，「あなたの」心身の健康が生きていくうえでとても大切であることを強調しておきたいと思います。執筆者一同，保育を学ぶ皆さんにエールを込めて，本書で学んだことを実践の場で役立たせてほしいと願っています。

　　2023年7月

編著者　鈴木みゆき

索　引

(＊は人名)

《執筆者紹介》（執筆順、執筆分担、＊は編著者）

＊鈴木みゆき　はじめに，第1章1・2・5節，第3章1・4・5・6節，第6章6節，おわりに
　　編著者紹介を参照。

　内田　裕子　第1章3・4節，第3章2節，第7章，第11章3節
　　現　在　明星大学教育学部特任准教授。

　藤原　勝夫　第2章1節・3節（1・2）
　　現　在　金沢学院大学スポーツ科学部スポーツ科学科教授・学部長。
　　主　著　『運動機能解剖学』（編著）北國新聞社，2019年。
　　　　　　『姿勢制御の神経生理機構』（編著）杏林書院，2011年。
　　　　　　『身体活動と体力トレーニング』（共著）日本出版サービス，2000年。

　清田　岳臣　第2章1節・3節（1・2）
　　現　在　大阪総合保育大学児童保育学部乳児保育学科准教授。
　　主　著　「一側優位性」（共著）日本生理人類学会編『人間科学の百科事典』丸善出版，2015年。
　　　　　　「3章奥行き知覚と姿勢制御」「5章床振動時の姿勢制御」（共著）藤原勝夫編著『姿勢制御の
　　　　　　神経生理機構』杏林書院，2011年。

　上村　　明　第2章2節・3節（3・4・5），第4章2節，第6章3・4節
　　現　在　和洋女子大学人文学部こども発達学科准教授。
　　主　著　『部活動指導員ガイドブック［応用編］』ミネルヴァ書房，2022年。
　　　　　　『新版改訂版　保育者をめざす　保育内容「健康」』圭文社，2023年。

　吉崎亜里香　第3章3節，第6章1節
　　現　在　大阪大学大学院連合小児発達学研究科。
　　主　著　「双方向性睡眠支援アプリ「ねんねナビ」開発からわかった，幼児の眠りと子育ての課題，特
　　　　　　集 眠らない子ども──大人が今できること」『チャイルドヘルス』25(7)，2022年，486-490。

　森田　陽子　第4章，第9章2節（3・4・6・8・10・11・12）
　　現　在　日本女子体育大学体育学部子ども運動学科教授・学科長。
　　主　著　『0歳児から5歳児　運動遊び12ヶ月』小学館，2022年。

＊望月　文代　第5章1・2節，第6章2・5節，第9章2節（1・2・5・7・9）
　　編著者紹介を参照。

　青木康太朗　第5章1節（4）・2節（3），第8章6節，第9章1・3・4節，
　　現　在　國學院大學人間開発学部子ども支援学科准教授。
　　主　著　『子どもと環境　子どもの感性をひらく保育者のかかわり』（共著）光生館，2022年。
　　　　　　『雪を楽しむ外遊びプログラムスノーゲーム──楽しく安全に遊ぶための指導ハンドブック』
　　　　　　（共著）桐朋，2018年。
　　　　　　『森と自然を活用した保育・幼児教育ガイドブック』（部分執筆）風鳴舎，2018年。

　宮尾　一宏　第8章1・2・3・4・5節
　　現　在　東京学芸大学大学院連合学校教育学研究科，みらいえ保育園吉祥寺園長。

　栗木　節子　第10章，第11章1・2節
　　現　在　修文大学短期大学部幼児教育学科教授。

《本文イラスト》
　赤川ちかこ

《編著者紹介》

鈴木みゆき（すずき　みゆき）

　　現　在　國學院大學人間開発学部子ども支援学科教授。

　　主　著　『子どもの発達からみる「10の姿」の保育実践』ぎょうせい，2023年。

　　　　　　『教育・保育実習と実習指導』（編著）光生館，2012年。

　　　　　　『新 保育士養成講座　子どもの保健』（分担執筆）全国社会福祉協議会，2011年。

　　　　　　『保護者もいっしょ生活リズム改善ガイド』ひかりのくに，2006年。

望月文代（もちづき　ふみよ）

　　現　在　育英大学教育学部教育学科准教授。

　　主　著　『幼稚園教諭養成課程をどう構成するか——モデルカリキュラムに基づく提案』
　　　　　　（共著）萌文書林，2017年。

　　　　　　『最新 保育士養成講座　第9巻　保育専門職と保育実践—保育実習／保育内容の理解と実
　　　　　　践』（共著）全国社会福祉協議会，2019年。

　　　　　　『乳幼児 教育・保育シリーズ　保育者論　子どもの未来を拓く保育者の役割』
　　　　　　（共著）光生館，2019年。

　　　　　　『乳幼児 教育・保育シリーズ　保育・教職実践演習　学びの軌跡の集大成を目指して』（共
　　　　　　著）光生館，2021年。

保育内容「健康」

——幼児期の教育と小学校教育をつなぐ——

2023年10月20日　初版第1刷発行　　　　　　　　〈検印省略〉

定価はカバーに
表示しています

編 著 者　　鈴　木　みゆき
　　　　　　望　月　文　代

発 行 者　　杉　田　啓　三

印 刷 者　　藤　森　英　夫

発行所　株式会社　ミネルヴァ書房

607-8494　京都市山科区日ノ岡堤谷町1
電話代表　（075）581-5191
振替口座　01020-0-8076

©鈴木・望月ほか，2023　　　　　亜細亜印刷・坂井製本

ISBN978-4-623-09582-7

Printed in Japan

幼児期の教育と小学校教育をつなぐ

幼保小の「架け橋プログラム」実践のためのガイド

B 5 判／176頁
本体2,500円

湯川秀樹／山下文一 監修

〈平成30年施行〉保育所保育指針 幼稚園教育要領 幼保連携型認定こども園教育・保育要領 解説とポイント

A 5 判／474頁
本体1,500円

汐見稔幸／無藤　隆 監修　ミネルヴァ書房編集部 編

「保育の質」を超えて
　　──「評価」のオルタナティブを探る

A 5 判／380頁
本体3,500円

グニラ・ダールベリ／ピーター・モス／アラン・ペンス
著　浅井幸子 監訳

新しい保育・幼児教育方法［第 2 版］

A 5 判／232頁
本体2,500円

広岡義之／猪田裕子 編著

幼児期における運動発達と運動遊びの指導
　　──遊びのなかで子どもは育つ

B 5 判／226頁
本体2,400円

杉原　隆／河邉貴子 編著

子どもの心に届く言葉かけ
　　──保育の内容とその方法

A 5 判／136頁
本体2,200円

柘植誠子／藤原牧子／松元早苗／園田育代／向井秀幸 著

──────── ミネルヴァ書房 ────────

https://www.minervashobo.co.jp/